Ulrich Schaffer

Mit dir, ohne dich – unser gemeinsames Leben mit Demenz

**Für alle,
die von Demenz berührt wurden
und noch berührt werden**

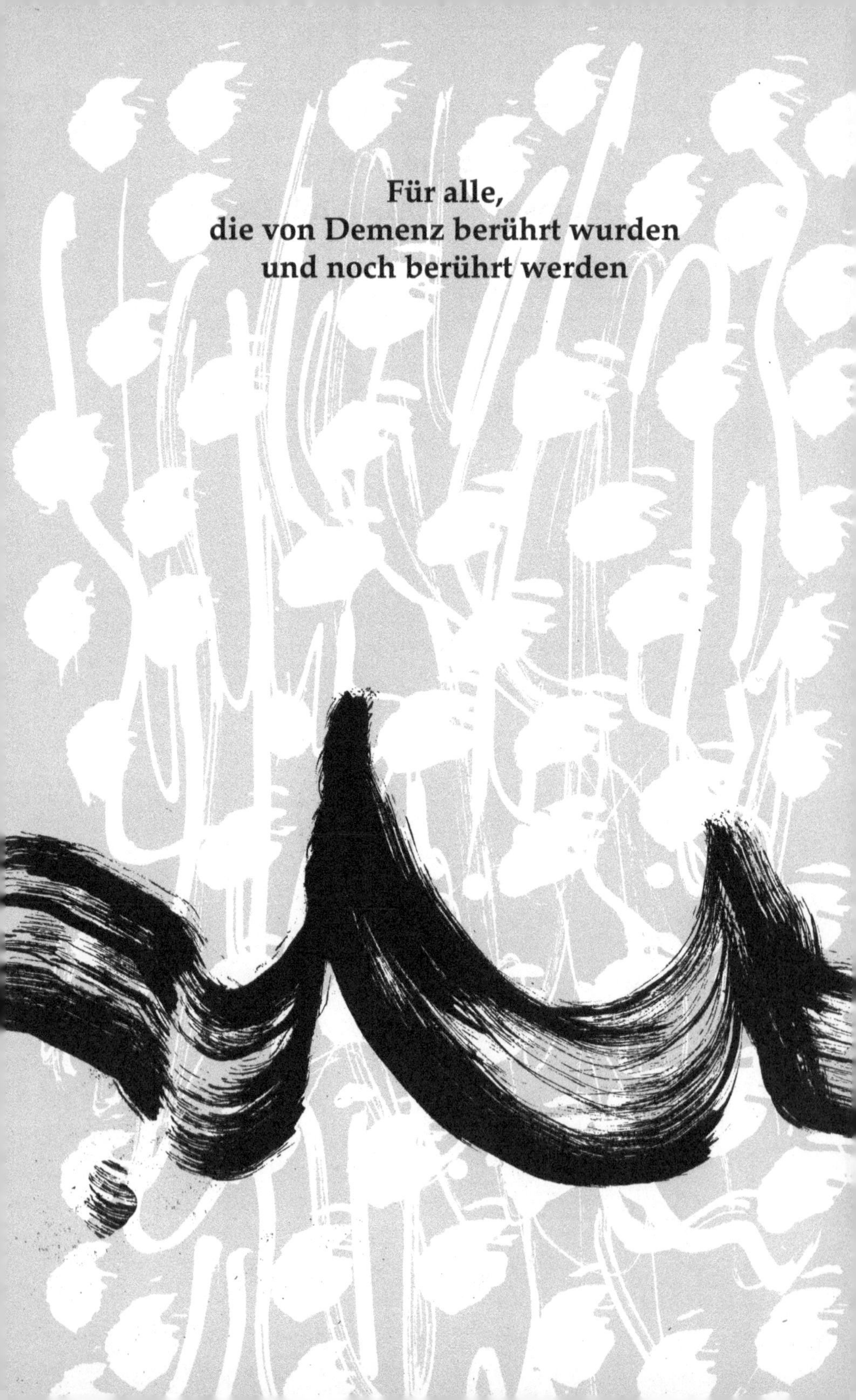

Ulrich Schaffer

Mit dir, ohne dich – unser gemeinsames Leben mit Demenz

Patmos Verlag

VERLAGSGRUPPE PATMOS

PATMOS
ESCHBACH
GRÜNEWALD
THORBECKE
SCHWABEN
VER SACRUM

Die Verlagsgruppe
mit Sinn für das Leben

MIX
Papier | Fördert gute Waldnutzung
FSC® C014496

Klimaneutral
Druckprodukt
ClimatePartner.com/14549-2003-1001

Die Verlagsgruppe Patmos ist sich ihrer Verantwortung gegenüber unserer Umwelt bewusst. Wir folgen dem Prinzip der Nachhaltigkeit und streben den Einklang von wirtschaftlicher Entwicklung, sozialer Sicherheit und Erhaltung unserer natürlichen Lebensgrundlagen an. Näheres zur Nachhaltigkeitsstrategie der Verlagsgruppe Patmos auf unserer Website www.verlagsgruppe-patmos.de/nachhaltig-gut-leben

Verlagsgruppe Patmos in der Schwabenverlag AG, Ostfildern
www.verlagsgruppe-patmos.de

Umschlaggestaltung: Finken & Bumiller
unter Verwendung eines Fotos von © Zilya Schaffer
Fotografien (sofern nicht anders angegeben)
und Grafiken: © Ulrich Schaffer
Fotografien S. 62, 65, 87, 139: © Anja Erz
Layout und Satz: Ulrich Schaffer
Beratung: Anja Erz
Korrekturlesen und hilfreiche Vorschläge:
Christian Herrmann, Klaus Schaffer, Margret Germann, Krystyna Martin, Anja Erz, Gabriele Wilhelm-Eckerle

Druck: GGP Media GmbH, Pößneck
Hergestellt in Deutschland
ISBN 978-3-8436-1439-9

Gedanken von Helga Rohra zu diesem Buch

Mit dir, ohne dich ist ein Buch über die tiefe Liebe des Autors für seine Frau Waltraud – trotz Demenz. Es ist eine dichterische Annäherung an die gemeinsame Demenzreise. Die Sprache der Liebe trägt auch in dieser neuen unbekannten und zerbrechlichen Welt. Als Leser stehen wir mittendrin: sind berührt, staunen und verstehen diese oft nur pathologisch gesehene Krankheit als Reichtum, als Mysterium.
Berührend sind diese Bilder: der Mensch in all seinen Facetten bis zu dem totalen Verschwinden. Die Schatten und Zweifel sind auch da, aber immer wieder siegt das Licht.
Es gibt viele Bücher über den sogenannten Weg in der Nebelwelt des Vergessens. Dieses Buch ist wie ein Musikstück, oft sind es leise und sanfte Töne – dann Allegro. Immer wieder zeigt die Kraft der Gefühle, dass es eine Ehre ist, einen Menschen mit Demenz zu begleiten. Die gesprochene Sprache ertönt durch das Herz. Und dieses wird nie dement! Beim Lesen begreift man, wie kostbar Leben ist!
Auch für Angehörige oder Nahestehende eines Menschen mit Demenz ist es möglich, die gemeinsame Reise als Chance des Lebens zu verstehen. Nehmen Sie die Herausforderung an, Ihren geliebten Menschen so zu sehen – trotz Demenz!

Großen Dank an Ulrich Schaffer für diese Betrachtungen:
Ihre Texte haben mich total begeistert. Sie haben so viel Tiefe und zeigen immer wieder diese tragende Liebe. Es werden sich viele Menschen, die auf die eine oder andere Weise von Demenz betroffen sind, darin wiederfinden. Sie werden weinen und das Kostbare des Augenblicks zu schätzen lernen. Einfach genial – genial!
Ich habe diese Zeilen mit meinem Herzen geschrieben!

Helga Rohra
Demenzaktivistin

Mit dir, ohne dich

Gedichte über Demenz, die Demenz des Partners und über den Umgang mit diesem Zustand, diesem Erlebnis? Ist das angebracht? Ich habe es mir überlegt und mir dann gesagt, dass meine Gedichte schon seit Jahrzehnten von dem handeln, was mich in meinem Leben betrifft, was mich also besonders angeht. Die Demenz meiner Frau ging mir sehr nahe und ich bin oft 24 Stunden am Tag damit in Berührung gekommen. Darum sah ich keinen Grund, nicht auch Gedichte über ihre Demenz zu schreiben. Es war nicht alles in meinem Leben, aber sehr viel. Viele meiner Entscheidungen mussten den Zustand meiner Frau berücksichtigen. Ich konnte nicht einfach das Haus verlassen, nicht tun, was ich gerne wollte, ohne zumindest dafür zu sorgen, dass zuhause alles gut weitergeht.

Aber ich war mit unserem Schicksal nicht allein. Unsere Freunde in Vancouver und hier in Gibsons an der Sunshine Coast von British Columbia in Kanada haben uns begleitet. Auch unsere Freunde in Europa waren für uns da und wir haben in regem Kontakt mit ihnen gelebt, auch per Videokonferenz und Zoom. Diese Kontakte hielten die Welt auch für Waltraud offen. Sie war nicht eingeschlossen in ihrem Zustand.

Ich habe versucht, das Thema der Demenz auf mehreren Ebenen zu behandeln. Ich schreibe seit 60 Jahren Gedichte. Von allen literarischen Formen ist die Lyrik meine liebste. Damit wollte ich die Enge der Demenz aufbrechen und sie in einen größeren Raum stellen. Waltraud hatte Lewy-Body-Demenz, die durch hörbare und sichtbare Halluzinationen gekennzeichnet ist. So weckte sie mich eines Nachts, um mir zu sagen, dass jemand gerade die Hausklingel gedrückt habe. Es war drei Uhr nachts. Ich ging an die Tür, aber niemand war da. In der nächsten Nacht wiederholte es sich. In der dritten Nacht bin ich dann nicht mehr aufgestanden und Waltraud konnte das akzeptieren. Eine Woche später hörte *ich* die Klingel ebenfalls nachts und Waltraud hatte sie nicht gehört. Da haben wir uns dann schon gefragt, ob uns jemand etwas vermitteln will. Wir gehen davon aus, dass es neben unserer Dimension, in der wir alle mehr oder minder zuhause sind, vielleicht noch andere gibt, die uns nicht zugänglich sind oder die nur für gewisse hellhörige oder hellsichtige Menschen zu betreten sind. Diesen Dimensionen, wenn es sie gibt, wollten wir uns nicht verschließen. Das hat dazu geführt, dass wir Waltrauds Zustand nicht einfach nur als Krankheit abgetan haben, gegen die man nichts tun kann und die man nur erleiden muss, sondern wir haben sie zeitweilig als Portal zu einer anderen Wirklichkeit gesehen, auch zu einer anderen Wirklichkeit in uns – eine Tür zu einer größeren Reife.

Zu dieser Sicht kommt meine Sicht als Lyriker hinzu. Es hat mich ein Leben lang interessiert, das Mystische, Mysteriöse, Unverständliche, Ahnbare in meinen Gedichten anzusprechen. Das, was ich nicht verstehe und zum Teil auch nicht artikulieren kann, hat mich immer angezogen. Aus der Kombination dieser beiden Haltungen ist ein Teil der Gedichte dieses Bandes entstanden. Dazu gibt es noch Texte, die auch das Alltägliche ansprechen, um einen Rahmen herzustellen. Die Prosatexte dieses Bandes sind alle in der dritten Person geschrieben. Es gibt mir die Möglichkeit, Abstand von mir zu gewinnen. Ich weiß, dass ich manches in der Demenz nicht persönlich nehmen und auslegen darf, sondern die Demenz als Hintergrund nehmen muss. Darum ist es mir leichter gefallen, in der dritten Person zu schreiben. Ich konnte mich aus dem Abstand beobachten. Es mag wie ein Kunstgriff wirken, ist aber mehr. Ich brauche den Abstand, um in meine Nähe zu kommen. Mich als *er* und Waltraud als *sie* anzusprechen, hilft mir, manches klarer zu sehen. Vielleicht ist es hier und da auch ein wenig Scham, dass ich so fühle, wie ich es beschreibe.

Ich wünsche dem Buch, dass es Menschen dort abholt, wo sie mit ihren Fragen zur Demenz stehen. Vielleicht sind Gedichte für manche ungewohnt und schwer, aber ich hoffe, dass auch sie den Gedichten eine Chance geben, zu ihnen zu sprechen. Menschen mit Demenz sind Menschen wie wir alle. Es ist gut, wenn sie auf die eine oder andere Weise unter uns bleiben dürfen. Diese Texte sollen dazu beitragen.

Zu den Fotos: Ich wollte zu den Texten auch ein Gesicht stellen. So habe ich Waltraud im Lauf der Zeit nach ihrer Diagnose immer wieder fotografiert. Ich habe sorgfältig ausgesucht, welche Aufnahmen mir passend schienen. Ich wollte nicht ihre besonderen Tiefpunkte, die es auch gab, in meinen Bildern darstellen, sondern die alltägliche Menschlichkeit abbilden. Ich wollte die Frau und Partnerin, die sie trotz der Demenz geblieben ist, erfassen.

Es gibt auch Gedichte, die sich nicht direkt mit Waltrauds Demenz und meiner Reaktion auf sie befassen, die aber in dem gleichen Zeitrahmen entstanden sind und sich mit Themen beschäftigen, die besonders aus der Demenz hervorgegangen sind. So habe ich mich vermehrt mit dem Tod beschäftigt, mit Fragen der Not und des Leids, mit Sinnfragen jeder Art. Auch da wollte ich ausbrechen aus der Enge, die die Demenz leicht aufdrängen kann. Ich wollte trotz der Demenz weit denken.

Ich hoffe, dass ich in diesem Buch nie so klinge, als wollte ich die Demenz verklären oder schönreden. Dafür ist sie zu hart. Sie kann das Kostbarste zersetzen, das Zarteste brutalisieren, das Erhabenste erniedrigen. Sie kann gemein sein und einem Fluch ähneln. Nimmt man sie ernst, muss man auch diese Seiten an ihr ernst nehmen. Aber sie trägt auch Geschenke in sich, die man erst nicht vermutet. Sie hat verwandelnde Kraft, besonders für den, der einen Menschen mit Demenz betreut. Auf diese Seite des Zustands wollte ich mich konzentrieren.

Die Grafiken waren ein Nachgedanke. Viele meiner Bücher sind illustriert. Ich habe Tuschezeichnungen gewählt. Sie sind mit Pinseln gemacht, dann gescannt und bearbeitet. Ihr Schwarz-weiß-Charakter schien mir zu diesen Themen zu passen. Demenz ist nicht schwarz-weiß, aber sie kann so erlebt werden. Ihre Härte ist fast immer zu spüren, die Endgültigkeit dieser Krankheit – der Kranke gesundet nicht. Dieser langsame Gang in den Tod kann erschütternd sein, für den Kranken, aber auch für den Betreuer.

Ich habe ganz bewusst den Ton in diesem Buch in einer schnellen Abfolge verändert. Es geht von nachdenklich zu schwer, zu glücklich, sogar zu leicht, manchmal auf derselben Doppelseite. So habe ich auch in der Form das Leben mit der Demenz nachgeahmt. Es ist bewegt, heimsuchend, manchmal anstrengend und sehr wechselhaft. Manche Gedanken wiederholen sich. Ich wollte sie bewusst im Buch lassen, weil sie sich auch in meinem Leben wiederholten und mich besonders beschäftigen.

Waltraud und ich waren, während ich dies schrieb, 54, 55 und 56 Jahre verheiratet. Ich habe das Buch darum mit Gedichten und Bildern aus der Zeit begonnen, als Demenz für uns kein direktes Thema war. Ich wollte Waltraud und uns beide gerne so darstellen, wie wir einmal waren. Ich habe dazu zwei ältere Bücher mit Liebesgedichten gebraucht, *Ich teile den Mond mit dir* von 2004 und *Unsere so lebendige Liebe* aus dem Jahr 2006/2015. Auch habe ich einige Zitate Waltrauds aus einem gemeinsamen Tagebuch – *Getrennt zusammen* – von 1993 genommen. Diese habe ich so ausgewählt, dass man ihnen anspüren kann, dass sie eine Frau war, die sich mit der Welt hinter der Welt beschäftigte. Man könnte fast sagen, dass diese kleine Auswahl an Texten schon eine Art innerer Vorbereitung war für das, was dann über 20 Jahre später als große Herausforderung an sie herantrat. Die Texte bis Seite 44 stammen aus diesen Büchern. Auch die Bilder von Waltraud und von uns beiden bis Seite 44 sind aus früheren Zeiten. Ich wollte die Leserinnen und Leser teilhaben lassen an unserer Zeit vor der Diagnose *Demenz*, die am 12. Juni 2015 erfolgte. Waltraud war damals 78 und ich 72. Der Text auf Seite 288 ist aus meinem Buch *Auf den Spuren deiner Seele* von 1998 übernommen.
Dieses Buch war fast fertig, als Waltraud am 7. November 2021 starb. Das verleiht dem Untertitel noch eine zusätzliche Dimension. Vieles ist jetzt endgültig abgeschlossen und ich vermisse sie sehr. Die letzten Texte habe ich nach ihrem Tod geschrieben.
Dieses Buch ist auch als „Blätterbuch" gedacht. Es muss nicht systematisch von Anfang bis Ende gelesen werden. Man kann darin blättern und sich von dem ansprechen lassen, was man gerade aufschlägt.
Zum Schluss möchte ich Burkhard Menke, meinem Lektor bei Patmos, herzlich danke. Er hat das Buch mit viel Einfühlungsvermögen und Respekt begleitet, sodass es eine Freude war, es zusammen mit ihm fertigzustellen.

Ulrich Schaffer
in Gibsons, British Columbia, im Herbst 2022

Vor der Diagnose

Ursprünge

Wenn die Sonne über den Inseln aufgeht
und die Wellen des Lichts
sich über die Wasserwellen wälzen,
dann weiß ich – auch gegen das, was ich fühlen mag –,
dass meine Liebe zu dir mehr ist
als die Antwort auf einen Lockruf.
Ich meine dich, wie die Sonne die Erde meint.

Schon ehe wir Namen hatten, begann die Liebe
in der Kammer der Kammern,
in den Flüssen des Bluts,
in den feuernden Synapsen,
in der Pupille mit ihrer Konzentration,
im Feuer des Glaubens
und in den hellgrünen Trieben des Muts.

Als sich dann unsere Wege kreuzten,
da wurde lebendig, was heimlich gewachsen war,
und du verliehst meinem fliegenden Pfeil ein Ziel:
die Koordinaten deiner Seele.
Und ich überschüttete dich mit der Traufe meines Segens.
So geschah das Einmalige zum millionsten Mal:
Ein Stück Land wurde dem Wasser abgerungen
und glänzende Lichtpartikelchen
wurden wie Edelsteine in zwei Augenpaare gesetzt.
Das ist auch jetzt, viele Jahre später, noch wahr.

Durch dich

Ich trage dich längst in mir.
Ehe ich dich kannte,
warst du meine Sehnsucht.
Jetzt bist du mein Begleiter
ins Heilwerden.

Durch dich werde ich
in mir finden,
was mir noch fehlt.

Ich werde mich nicht
an dich hängen,
nicht an dir hängen,
nicht abhängig sein.

...und dich doch lieben.

...und doch

Hingehaucht ist sie
und doch wie Feuer,
schweigsam ist sie
und doch voll übersprudelnder Sprache,
vorsichtig ist sie
und doch mutig wie ein Eroberer,
sanft in der Berührung ist sie
und doch heftig in ihrer Sehnsucht,
sich anpassend wie Wasser ist sie
und doch mitreißend
wie eine gewaltige Meeresströmung,
hingehaucht wie Nebel ist sie
und doch kräftig wie die alte Kiefer im Nebel,
zartgliedrig und doch stärker als der Tod
ist unsere Liebe.

Der Winterabend, damals

Ich erinnere mich noch an den langen Winterabend,
an dem wir in dem Park gingen, wie so oft,
um uns klar zu werden,
ob wir füreinander gedacht waren.
Wir kannten uns, aber konnten wir es wagen,
an ein gemeinsames Leben zu denken?
Die Entscheidung war groß und wir klein vor ihr.
Vielleicht haben wir es gewagt,
weil wir das Risiko nicht überschauen konnten.

Wie du deine Hand
in meine große Manteltasche stecktest
und wie ich sie da mit meiner warmen Hand aufnahm,
das war das beiderseitige Versprechen.
Es ist 42 Jahre her, und doch ist es,
als würden wir den Weg an den Trauerweiden vorbei
mit den Hochhäusern der Stadt im Hintergrund
gerade gegangen sein.

Auch jetzt noch staune ich über den Mut
von damals, von heute,
und über den Mut, den wir noch entwickeln werden,
um die Zukunft zu bestehen.

In Zartheit

Fast ist schon jede Berührung zu viel,
das Hinsehen zu aufdringlich, das Ansprechen zu plump,
das Kennenlernen nicht vorsichtig genug,
wenn ich daran denke,
wie sehr du daran gearbeitet hast,
die Person zu werden, die du bist.
Wie du gelitten und dich unzählige Male gefragt hast,
was zu tun und was zu lassen sei.

Aber du willst berührt werden.
Du willst, dass meine Augen dich abtasten.
Und von Worten, wie ich sie dir sagen werde,
hast du schon lange geträumt.

Ich will dich berühren, ohne Rechte anzumelden.
Ich will dich ansprechen, ohne dich zu bestimmen.
Ich will dich kennenlernen, ohne dich festzulegen.

Ich will bei dir sein, ohne dich zu haben.

Waltraud mit etwa 30

Tagebucheintragungen von Waltraud 1993

Mir ist es wichtig, mein Leben über den Tod hinaus und zeitlos zu denken, immer im gleichen Alter. Ich merke, dass ich hinter meinem alternden Gesicht immer noch ich bin. Ich bin gewachsen, habe mich verändert, aber im Kern bin ich ich. Ich merke auch die Lebenskraft, die ich bekomme, wenn ich sage: „Es gibt keinen Tod." Ich glaube, dass hier ein Geheimnis liegt, und das will ich noch mehr entdecken.

Vor zweieinhalb Jahren verließ ich Kanada, um mir/uns diese Wohnung in Deutschland einzurichten. Ich habe es nicht bereut. Am Anfang war es auch nicht schwer, so allein meinen Weg zu gehen. In mir lebte eine Abenteuerlust, die mich sicher und stark machte. Jetzt gibt es Tage, da staune ich über die Sicherheit von damals. Es war gut, dass ich so viel Mut hatte und von manchem, was auf mich zukam, nichts wusste. Ich bin aber froh, dass ich es damals wagte. So habe ich mich selbst überlistet und mich auf einen guten Weg gebracht.

Zu den wertvollsten Dingen im Leben zähle ich Freundschaften. Auch an Ulrich ist mir am wertvollsten seine Freundschaft.

In einem Gespräch fällt mir auf, wie wichtig mir in einer Liebesbeziehung Freundschaft ist. Ich sehe immer wieder, dass viele Frauen meinen, sehr gut leben zu können, wenn der Mann, mit dem sie zusammenleben, nur ihr Liebhaber und nicht auch ihr Freund ist. Ich glaube, Frauen in solchen Beziehungen können es besser vertragen als ich, wenn ihre Beziehung auseinandergeht.

Käthe-Kollwitz-Ausstellung im Kloster Schöntal. Während ich mir die Radierungen und Zeichnungen ansehe, gehen meine Gedanken 28 Jahre zurück, als Ulrich mir in unserer Kennenlernzeit einen kleinen Bildband mit ihren Arbeiten schenkte, zu denen er Gedichte geschrieben hatte. Ich staunte über seinen Ernst und über seine Fähigkeit, sich in Leid einzufühlen. Hier fing meine besondere Liebe zu ihm an.

Menschen zu erleben ist mir immer wieder das Schönste, was es gibt. Es sind nicht auffallende Menschen oder gewisse Größen, die ich suche. Mich faszinieren die alltäglichen Wendungen, das Originelle an einem Menschen, vielleicht auch das Verborgene und Stille.

Heute, wie so oft, bin ich ungeduldig. Ich will mehr wissen, mehr von den Geheimnissen des Lebens erfahren, mehr beteiligt sein an der Schöpfung. Ich möchte mehr Energie haben, um heilend zu wirken. Wenn ich in dieser Weise nach meinem Lebensinhalt dränge, erlebe ich oft die Zerbrechlichkeit meines Körpers. Ich muss stillhalten und Geduld lernen.

*Ich erinnere mich an eine Frau im Fernsehen, die mit Cerebral Palsy im Rollstuhl saß, deren Glieder sich unkoordiniert und selbständig zu bewegen schienen. Sie sagte: „*I am not what you see!*" und ich merkte bald, dass ihre Aussage stimmte und sie viel mehr war als das, was man von ihr sah. In ihrem Vortrag kam ihre Person stark, seelenvoll und tief zum Ausdruck. Ich konnte in ihr eine Heldin sehen. Ich spüre eine ähnliche Diskrepanz in mir und es tut mir immer wieder gut, dass es Menschen gibt, die an der Erscheinung vorbei mein Wesen sehen.*

Menschen und Dinge so zu nehmen, wie sie sind. Ich glaube, ich habe mir diese Position verdient und laufe nicht Gefahr, blind durchs Leben zu gehen. Ich habe viel kritisch hinterfragt und viel aufs Spiel gesetzt. Jetzt will ich mit mehr Nachdruck eine andere Art zu sehen entwickeln. Vielleicht werde ich ja mein bisheriges Leben als Blindheit betrachten, aber sicherlich, nein ganz bestimmt, hätte ich es nie ertragen, wenn ich weniger kritisch gelebt hätte.

Immer wieder überlegen wir, was wir mit unserer deutschen Wohnung machen. Ich will jetzt nicht mehr auf längere Zeit ohne Ulrich in Deutschland sein. Haben wir noch genug Grund, sie zu behalten? Wenn wir sie auflösen, haben wir weniger Bezug zu Deutschland, dann sind wir Besucher statt Einheimische. Die Frage ist, ob ich dann noch so intensiv die Lesereisen mit Ulrich machen kann. Ich tue es so gern wie nie zuvor. Meine Begegnungen mit Menschen in Deutschland wachsen.

Lass uns nicht

Lass uns nicht den Arm umeinander legen,
weil wir Angst haben, uns in die Augen zu sehen.

Lass uns nicht schweigen,
weil wir Angst haben, zu sprechen.

Lass uns nicht sprechen,
weil wir das Schweigen nicht aushalten.

Lass uns nicht bleiben,
weil der Abschied noch schwerer wäre.

Lass uns nicht einander erhören,
weil wir sonst Bestrafung fürchten.

Lass uns nicht Geheimnisse haben,
weil wir uns vor der Wahrheit fürchten.

Lass uns nicht in Wiederholungen untergehen,
weil uns die Fantasie für uns beide ausgegangen ist.

Waltraud mit etwa 28

Säulen der Luft

Die Luft ist
eine Brücke
von mir zu dir,
und von dir
zurück zu mir.
Hilf mir,
sie zu betreten
wie einer,
der das Fallen kennt
und doch abgrundtief traut.
Alles, was uns wertvoll ist,
ruht auf den Säulen der Luft.

Alles fließt

Panta rhei, alles fließt,
der Fluss zum Meer,
das Meer zum Mond,
die Sonne in die Knospe
und wir zueinander hin,
in dem flüssigen Glück
unseres kurzen Lebens.

Ich erkenne mich in dir wieder
und du findest in meinen Adern
genug Blut für dein Schiff.
Ein einziger Fluss führt uns
zwischen seinen Ufern.
Ein unendliches Meer
nimmt uns auf.

Dich kennen zu dürfen

Ich möchte ein Stein
in der weichen Mulde deiner Hand sein,
ein Sonnenstrahl auf deinen Schultern,
ein Regentropfen auf deiner Wange,
der Wind in deinen Haaren,
ich würde dich aufsaugen,
einen Augenblick lang mit dir verschmelzen,
die Textur deines Körpers spüren,
den Regenbogen deiner Aura sehen,
dein spezifisches seelisches Gewicht erahnen,
eine Farbe für dein Wesen finden
und am Ende sprachlos sein
in dem kostbaren Vorrecht,
dich kennen zu dürfen.

Eine andere Heilheit

Wir sind nie ganz,
du und ich.
Wir passen nicht so ineinander,
wie unsere Hände ineinander liegen,
wie mein Körper sich um deinen schmiegt.
Wir sind nie ganz heil.

Aber in unserem Versuch,
uns selbst und einander
zu heilen und ganz zu machen,
in diesem steten Bemühen
entsteht eine Heilheit,
die uns aufnimmt
wie etwas Heiliges,
das wir nicht machen konnten.

Meine Scheu

Nur schwer sage ich „Ich liebe dich",
weil ich Angst habe, den Anspruch
des Wortes nicht erfüllen zu können.
Werde ich morgen fähig sein,
den ganzen Garten der Zuwendung zu pflegen?

Auch wenn ich weiß,
dass Gefühle nicht alles sind,
und mich ihnen nicht bedingungslos ausliefere,
so weiß ich doch nicht,
ob ich morgen noch der bin, den ich kenne,
und ob ich dich noch erkenne, so wie heute.
Die Zeit kann uns aushöhlen,
wenn wir nicht achtsam sind.

Darum, wenn ich die drei Worte nicht sage,
sage ich mehr.
Ich fühle mich hin zu dir,
ich bewohne mein auf dich gerichtetes Wesen,
und lerne gleichzeitig, dich loszulassen,
weil der Tag kommen wird,
an dem ich dich verlieren werde.
So lerne ich das Schwerste von allem:
lieben und loslassen.

Stärker als der Tod

Als wir uns wieder einmal aufeinander zubewegen,
schiebt sich Gott dazwischen,
nicht als Lehre, nicht als Regel,
aber als Licht und Wärme,
als die Gegenwart unserer inneren Welt.

An dem Gedanken
erneuert sich unsere Liebe, ohne es zu wissen.
An der Wirklichkeit gesunden wir
und schöpfen Mut für dunklere Tage.

So ziehen wir ein in die Weite,
noch lange vor dem Tod.
Wenn wir uns so in den Händen halten,
in den Sinnen, in der Seele,
entsteht eine Welt in uns, stärker als der Tod.

Flammend stehst du mir im Weg

Flammend stehst du mir im Weg:
schwarz, rot, schwarz, rot.
Ich komme nicht an dir vorbei
und will dich doch überwinden,
will dich aus dem Weg räumen,
aus diesem geraden Weg des Erfolgs.

Erst als ich an dir blute, sehe ich,
dass hinter dir der Abgrund gähnt,
in den ich gelaufen wäre.
Steil und erhaben ist dieses Leid.
Du bist der Schutz,
an dem ich blutend gesund bleibe.

Dünnes Eis

Wenn ich dich liebe,
darfst du genau das abstreifen,
wofür ich dich liebte,
und feststellen,
ob ich jemand bin,
der verstanden hat,
dass Liebenswürdigkeit dünnes Eis ist,
auf dem man leicht einbricht.

Was ich dir tue ...

Wenn ich meine Arme um dich lege,
halte ich mich und meine Bedeutung.

Wenn ich mit dir spreche,
wächst Grund und Boden unter mir.

Wenn ich dich ansehe, werden meine Tiere
in ihrem dunklen Wald zutraulich.

Wenn ich dich erhöre,
öffnet sich mein Weg vor mir.

Wenn ich dich liebe,
verwandle ich die Faust meines Herzens
und die Falle meines Denkens.

Was ich dir tue, tue ich mir.

Vergiss nicht

Vergiss nicht,
dass unsere Gedanken in Licht getaucht sind.
Gott verneigt sich
vor dem Glanz unserer Herzen,
der aus der steten Reibung an der Welt entsteht.

Vergiss nicht,
dass unsere Hände Wunder vollbringen,
unbeobachtet und ohne Grund.
Gott bewundert unseren Willen,
der sich gegen das Dunkel auflehnt.

Vergiss nicht,
am Ende nur das Eine zu wollen,
weil alles andere in ihm enthalten ist.
Wir treffen Gott in dem Einen
und die Tür zu Allem öffnet sich.

Hochzeit am 6. September 1965

Früh morgens am Fenster

Wir stehen schon früh morgens am Fenster
und blicken auf die Ewigkeit des Meeres.
Wir wissen nicht, wie lange noch.
Gerade eben sind wir aufgeleuchtet,
da erlöschen wir schon wieder.
Irgendwann wird jemand anders hier stehen,
wird den Wellen mit dem Blick folgen
und uns nicht kennen.

Und doch können wir uns
an diesem Morgen entscheiden, glücklich zu sein,
einander vorsichtig wahrzunehmen,
diesem Tag eine Gestalt zu geben,
die ein Segen ist, erfüllt mit der Zartheit
dieser leuchtenden Wellen,
dem grünen Licht über den braunen Kieseln,
den weißen Möwen, die auf der Luft ruhen.
Es ist möglich, einander auf Gedanken zu tragen.

Dich zu lieben ist,
dein Leben in mein Herz zu nehmen
und im Wesen verletzbar zu sein.
Es ist nie zu spät, die äußere Welt
mit dem Leuchten der inneren zu paaren.

Wir werden älter

Seit vielen Jahren
haben wir uns fast täglich berührt,
du hast Streifzüge durch mein Leben
und ich durch deines gemacht.
Wir haben die Wiederholung lieben gelernt
und uns in dem Bekannten ausgebreitet,
als wollten wir darin ewig leben.
Manchmal passte kein Blatt Papier
zwischen deine und meine Gedanken,
so nah warst du mir,
so nah schien ich dir zu sein.

Wenn ich dich jetzt
eine Etage über mir gehen höre,
dann ist es, als ginge ich dort –
durch deine Augen sehe ich
die sich ausdehnende Welt,
mit deiner Haut fühle ich die Temperatur des Raums
und ich bereite Speisen zu,
als hätte ich deinen Gaumen.

Darum erschrecke ich, wenn ich daran denke,
dass sich irgendwann unsere Finger lösen
und einer von uns mit einem letzten Wort
und einem letzten Blick davontreibt
in eine unvorstellbare Welt,
auf die wir uns mit nichts vorbereiten konnten.

Die Dunkelheit geht vorüber

Manchmal durchqueren wir dunkle Täler.
Von steilen Seiten fallen die Berge auf uns zu
und versperren uns den Weg.
Ich sehe deinen Schatten nicht
und nicht das Licht deiner Augen.
Tief zweifle ich an dem Unauslöschlichen in mir.

Dann hänge ich den Erinnerungen nach,
die wie Wege sind:
dem Licht auf deiner Haut,
der Erkenntnis in deinen Augen,
den Wäldern des Staunens,
durch die wir sorglos gestreift sind,
dem Gott der Worte und des Schweigens,
der durch unsere Leben geisterte.

Da fließt die Vergangenheit hinüber in die Gegenwart,
und noch immer fliegen die Zugvögel
durch den bleichen Mond,
noch immer übt sich der Winter,
dem Frühling Platz zu machen,
noch immer halte ich die Luft an für unsere Liebe.
Noch immer geht die Dunkelheit vorüber
und das Licht faltet uns in sich hinein.

Auch wenn deine Hände faltiger werden

Auch wenn deine Hände faltiger werden
und deine Finger sich krümmen,
spüre ich ihren Segen auf meiner Haut und Seele.

Auch wenn ich immer noch, nach vielen Jahren,
zu schnell vorpresche und dich abschneide,
ist es nicht, weil ich glaubte, es besser zu wissen.

Auch wenn deine Gedanken manchmal abreißen
und in sich selbst verloren gehen,
spüre ich ihre Tragkraft
für die Bruchstücke meines Lebens.

Auch wenn ich nicht darüber rede,
weil ich mich vor der Festigkeit von Worten scheue,
ist mein Leben tief und umfassend
mit deinem verbunden.

Auch wenn du mich mal nicht verstehst,
spüre ich deine Gegenwart,
in der stellvertretend die ganze Welt zu mir kommt.

Unentwegt fließt das Licht unseres Menschseins
zwischen uns hin und her,
und zusammen halten wir hoch, was wertvoll ist.

Das Alter selbst ist ein Versprechen:
Wir werden über den Rand dieser Welt hinausfließen.

Ich schenke dir meine Ehrlichkeit

Ich will mich nicht in Worten verstecken
und dir nahe sein, ohne dir nahe zu sein.

Ich will keine Liebkosungen,
bei denen die Liebe mechanisch wird
und ihre Seele verliert.

Ich will nicht Handlungen wiederholen,
die leer geworden sind,
und darum gefüllte Handlungen unmöglich machen.

Ich will weder Versprechen geben
noch sie von dir erwarten,
sondern nur mit der Überzeugung leben,
dass wenn wir uns einander zuwenden,
wir es auch wirklich tun.

Ich will keine Gesten
– weder kleine noch große –,
die zudecken sollen, was nicht mehr da ist.

Wenn auch du das alles nicht willst,
wird uns manchmal frösteln,
aber wir werden es aushalten,
in dieser Wahrheit zu leben.

Das mag nicht der Anfang
und nicht das Ende der Liebe sein,
aber das ist ihre so wichtige Mitte,
von der alles ausgeht.

Spuren auf der Haut

Noch wird nicht blass, was wir glauben.
Noch liegt das Rot auf unseren Wangen
und in unseren Worten öffnen sich Gärten
mit Blüten an emporstrebenden Zweigen.
Noch haftet Heimat an unseren Schuhen
und wir werden nicht müde,
ein zweites Paradies zu erklären.

Warum sollten wir auf die hören,
die uns nie verstanden haben?
Sie haben nicht versucht,
die Welt auf den Kopf zu stellen,
haben nicht mit Herzklopfen bis zum Himmel
auf dem Seil über dem Abgrund geturnt.
Sie haben nicht die Kurve ihrer Liebe gemessen,
wie man ein Fieber misst.

Wir sterben immer neu an der Freiheit,
sterben hinein in die befristete Liebe,
über der der Tod schwebt.

Wie schwer und wie schön,
noch Spuren auf deiner Haut
hinterlassen zu können.

Ernte

Es ist Ernte,
dass wir einander noch haben.
Es ist Ernte,
die Münzen der Minuten und Stunden
noch ausgeben zu können.
Es ist Ernte,
durch unsere gegenseitige Gegenwart
die Zeit zu schmecken wie Schwarzbrot.

Wir haben Samen ausgestreut,
manchmal ängstlich und mit zitternder Hand
und dann wieder so, als gehörte uns
schon die goldene Ernte.
Wir haben nicht gewusst,
ob die Saat aufgehen würde
oder was wir ernten würden,
aber wir haben nicht aufgegeben.

Ich suche jetzt deine Augen häufiger,
als wolle ich mich vergewissern,
dass auch du die Dichte der Ernte erlebst.
Unser Glück tritt aus dem Sinn hervor,
den wir allem geben.

Ich segne dich

In der Dunkelheit der Nacht
sucht meine Hand dich auf dem Bett neben mir.
Ich segne dich
mit den Strömen meiner Gedanken,
mit dem Kern meiner Zuwendung,
die dich mit Haut und Haar meint,
mit der Konzentration meines Herzens auf dein Herz
und mit meiner Erfindungskraft,
die sich um dein Wohl bemüht.
Ich segne dich mit meiner Leidenschaft
für das erstaunliche Leben
und mit meinem Durchhaltevermögen,
aus dem Dinge entstehen, die nicht abzusehen waren.
Ich segne dich mit meinen zehn Fingern,
mit der Flinkheit meiner Augen,
mit der Stille meiner Ohren,
mit dem Garten meines Glaubens,
in dem Früchte reifen,
die Himmel versprechen.

Da,
meine Hände haben deine Haare gefunden
und schweigend spreche ich eine Brücke in die Dunkelheit.
Ich lasse mein Wesen zu dir hinfließen.
Ein Fluss bildet sich zwischen uns,
bis auch ich einschlafe in dem Doppelsegen,
der sich in Wellen über uns beide ergießt.

Die Liebenden

Die Liebenden tragen einander zu dem,
was sie nicht sehen können,
was aber zwischen ihnen lebt –
dick wie goldener Honig,
leicht wie der Wind von weit weg,
frei wie das gewaltige Meer.

Immer wenn sie sich lieben,
lassen sie sich hineinfallen in den Fluss,
tauchen wieder auf,
werden von der Strömung mitgenommen,
finden weder Ursprung noch Mündung
und landen doch in Gottes Mund,
der sie ausspricht, wie damals.

Heute will ich dich

Heute will ich dich in meine tiefe Liebe falten,
will dich halten, wie man Unhaltbares hält,
will die Weite unserer Nacht gestalten,
bis der allerletzte Vorhang fällt.

In der Liebe mit dem stillen Kern
fahre ich zu dir, bin unendlich gern
in der Wahrheit deines Wesens,
hör dich sprechen von dem starken Mut,
bitte dich zu tun, was mir gut tut.

Heute will ich dich in meine tiefe Liebe falten,
will dich halten, wie man Unhaltbares hält,
will die Weite unserer Nacht gestalten,
bis der allerletzte Vorhang fällt.

Darüber hinaus

Über die Leidenschaftlichkeit hinaus
will ich dich erkennen
und das Schwarzbrot des Möglichen mit dir essen.

Über jede Bestätigung mit Worten hinaus
will ich dich emporheben, sanft und vorsichtig,
und deine Seele freisetzen wie einen Vogel.

Über jede Pflicht hinaus will ich dir zur Seite stehen
und dir dort Heimat schaffen,
wo du noch eine Fremde bist.

Über jede Bewunderung hinaus
will ich dich ehren, nicht nur mit Worten und Gesten,
sondern auch mit der stillen Mitte meines Herzens.

Über unsere Körperlichkeit hinaus
will ich dich berühren, wie Luft dich berührt.
Ich will die Ströme deines Wesens erfassen.

Über jede Andacht hinaus,
will ich mit dir andächtig sein,
damit du dich ohne Angst öffnen kannst.

Über jedes Versprechen hinaus
will ich dich ohne Einschränkungen fördern,
um jeden Tag den Tod neu auszulöschen.

Alterndes Paar

Viele Jahre lang haben wir beide
etwas ins Licht geschickt,
haben das Unsichtbare erfüllt
und in ihm einen Vorrat angelegt,
als würden wir jemanden füttern,
den wir nicht kennen, aber lieben.

Jetzt überrascht uns das Unsichtbare
mit Kaskaden Lichts,
und wir sind erfüllt von dem,
was wir selbst einmal waren,
von den Lichtvorräten,
die wir damals fast unwissend angelegt haben,
und von der Liebe, die wie eine Spur ist,
deren Anfang und Ende sich zu einem Kreis biegen,
in dem sich leben lässt.

Tagebucheintragungen von Waltraud 1993

Während ich auf dem Bahnhof stehe, um eine Freundin abzuholen, bin ich ganz da, wo ich bin. Ganz hier, wo ich bin, in der Gegenwart, und ich weiß, dass ich immer in der Gegenwart lebe. Ich bin jetzt, bin immer jetzt, unendlich jetzt. Ich weiß, ich bin in meinem Tod jetzt, und auch danach jetzt. Die Gegenwart ist die Ewigkeit. Ich habe das Empfinden, dieses Erleben nicht in Worte fassen zu können, und doch ist es wichtig für mich.

„Ich liebe meine Fehler!" Das habe ich mir heute aufgeschrieben und an die Wand über mein Bett gehängt. Die Aussage ist nicht schick, nicht aufsässig oder trotzig gemeint. Durch Fehler werde ich aufmerksam für Fehlendes. Dadurch kommen ich und andere in Bewegung. Und diese Bewegung ist Leben. Darum ist die Aussage die erlösende Erkenntnis, dass meine Fehler in meinem Leben die notwendigen Zwischenräume oder Leerräume bilden, durch die Bewegung entsteht. So wie in der Natur die Tendenz besteht, dass sich ein Leeraum füllt. Meine Fehler gehören zu mir wie meine Nase und meine Hände. Sie definieren mich. Sie sind meine Chance, meine Herausforderung und der Ansporn zum Wachsen. Sie bilden die Räume, in denen ich Kontakt aufnehme zu meinen Mitmenschen, in denen ich mich verletzbar zeige, durch die mir deutlich wird, dass wir alle zusammengehören. Diese Zusammenhänge schwinden mir oft. Immer wieder meine ich, die Fehler dürfen nicht sein. Auch durch meine Fehler erhält mein Leben Sinn.

Weil mir ein gewisser Satz so gut gefällt, bringe ich ihn in der Küche auf einem Zettel am Schrank an. „Lieber mit dem Himmel im Herzen in der Hölle leben, als mit der Hölle im Herzen im Himmel sein." – *Kurz darauf finde ich unter dem Spruch einen Zusatz in Ulrichs Handschrift:* „Am besten mit dem Himmel im Herzen im Himmel leben."

Ich glaube an die Übertragung von Energien, an heilende Hände. Ulrich legt mir heute segnend die Hände auf mein unruhiges Herz.

Ulrich sitzt mir gegenüber und ich erlebe, wie sich sein Gesicht verwandelt. Sein Bart verschwindet. Alle Bilder und Vorstellungen, die ich von ihm habe, schwinden. Ich sehe in ihm weder den jungen Mann, den ich kennenlernte, noch den älteren, der er jetzt ist. Er ist der Bekannte und der Unbekannte, der Alte und der Neue. Er ist der Unbeschreibbare. Ich habe ihn schon öfter so gesehen, so jung und doch so zeitlos. Ich bewundere und bestaune ihn dabei nicht. Ich erlebe mich dann wie eins mit ihm, ohne ihn dabei zu besitzen oder festzuhalten. Er steht dann für das ganze Leben. Es ist wie das Einbrechen einer anderen Wirklichkeit, und zur selben Zeit ist es die Wirklichkeit, in der ich lebe, in ihrer dichtesten Form. Dies sind besonders beglückende Momente.

Ich weiß bei manchen Menschen, dass ich Kontakt zu ihnen suche. Es ist mehr eine Intuition, der ich nachgehe, ein Geheimnis: Ich spüre, hier ist heute Leben für mich. Und warum ich hier Leben empfinde, entdecke ich erst Stück um Stück hinterher. Für mich ist alles offen, und ich will auch alles offen lassen, mich selbst ernst nehmen, wenn ich zurückhalte, um dann wieder mit jedem neuen Tag offen sein zu können. Selbst meine Zurückhaltung erlebe ich als ein Offensein. Nichts ist endgültig.

Jeden Tag mache ich Tagebucheintragungen, aber ich merke, wie ich kaum in Worte kleiden kann, was in mir ist. Ich sehe das Geschriebene an und es ist nur ein blasses Abbild dessen, was in mir ist. Ich merke, dass die Sprache mehr hergeben kann, als ich aus ihr heraushole. Ich bin keine Schriftstellerin. Ich merke, wie ich angewiesen bin auf das Gespräch, in dem sich meine Gedanken durch die meines Gegenübers entwickeln.

Jetzt, wo ich wieder mit Ulrich zusammen bin, merke ich, wie sehr er mir fehlte. Ich merke aber auch, dass durch meine Zeit allein in Deutschland eine Leere in mir ausgefüllt und eine Sehnsucht gestillt wurde.

Der Hunger ist geblieben

Im dreiundvierzigsten Jahr unserer Liebe
ist das Feld, auf dem wir stehen,
nicht kleiner geworden.
Furchen laufen von hier bis zum Horizont,
der uns trägt, der uns hält,
unerklärlich.

Manches ist vergangen,
aber der Hunger ist geblieben
nach dem Brot der Liebe,
nach dem Wasser der Liebe,
nach dem Bett der Liebe,
nach dem Gebet der Liebe.

Was kann ich anderes tun,
als dich in die Arme schließen
und mit dem Blitz meiner Entschiedenheit
gegen das Dunkel hoffen,
bis wir uns in den Horizont hinein auflösen?

Dich zu verlieren

Dass wir uns in der Zeit einrichten,
als wollten wir hier ewig bleiben, macht uns verletzbar.
Darum will ich die Anker lichten
und das andere Ufer ansteuern.
Wir können in den Wellen untergehen wie im Gottesmeer,
aber wir halten uns an einzelne Tage,
die wie kleine Bojen die Fahrrinnen markieren.

„Sterben ist nichts; dich zu verlieren ist schwer",
schreibt der italienische Dichter Umberto Saba,
auch wenn er dich nicht gekannt hat.

Waltraud und Ulrich mit etwa 56 und 50

Unweigerlich kommt der Moment

Unweigerlich kommt der Moment,
in dem unsere Liebe sich ausdehnt,
um andere einzuschließen.
Sie wird die Enge unseres Lebens sprengen,
um das zu schaffen, was unmöglich scheint.
Dann wird sie in die wartende Welt fließen,
die dich zu mir gesandt hat,
damit zwischen uns allen das entsteht,
was gebraucht wird in der Kälte der Zerstörung.

Dann sind wir mehr
als nur ein Mann und eine Frau,
sind weder alt noch jung,
und wenn wir Brot essen und Wein trinken,
werden wir uns an den Himmel erinnern,
und es wird uns vorkommen,
als ertränken wir in den Armen Gottes.
Und zwei und drei und mehr
werden dann eins sein.

Irgendwann

Irgendwann wird sich niemand mehr
an unsere Liebe erinnern.
Alle, die uns gekannt haben,
auch die Jüngsten, werden gestorben sein.
Niemand wird mehr unsere Namen
in den Mund nehmen
und eine neue Generation
wird wie zum ersten Mal all das entdecken,
was uns kostbar war.

Und doch wäre die Welt eine andere,
wenn es uns nicht gegeben hätte.
Wir haben unseren Teil
zur Erfüllung beigetragen,
in dem wir einander oft
– mehr als ein halbes Leben lang –
gegen die unendliche Weite
und gegen das große Gewicht der Zeit
wortlos gesagt haben,
so wie wir es jetzt tun,
dass wir einander lieben.

Nur vorläufig

In dem Augenblick,
als ich meine Arme um dich legte,
kam die Sonne hinter den Wolken hervor.
Da lag unser Schatten neben uns
in der Form eines Fabeltiers
und schien fester und beständiger zu sein
als wir, die wir zerbrechlich sind,

bis eine Wolke kam,
die ein scharfes Messe war.
Da fühlte ich dich plötzlich
deutlicher als zuvor
in meinen Armen
und wusste,
dass du mir nur geliehen bist.

Nach der Diagnose

Ein Moment
für Waltraud

Als du heute den Kanon
Abendstille überall für die Filmcrew,
die hier ist, um unseren Umgang
mit deiner Demenz zu filmen,
in deinem immer noch klaren Sopran sangst,
konnte ich die Tränen nicht zurückhalten.
Du hast sie nicht gesehen
und die anderen beiden auch nicht,
sie gehörten in dem Moment nur mir.
Ich dachte an die 55 Jahre, die wir zusammen sind,
an die vielen Gespräche
und die wortlosen Erlebnisse.
Die Zeit geht zu Ende
und sogar die leichten Erinnerungen
können jetzt die Schwere
von unbeantwortbaren Fragen haben.

Waltraud an ihrem 80. Geburtstag

Nach der Diagnose

Schon oft hast du gesagt,
dass du nach der Diagnose erwartet hast,
nur noch sechs Monate zu leben,
und nun lebst du schon so viel länger.
Manchmal wird es dir zu schwer,
du wirst mutlos, würdest gerne deinen Körper verlassen
und in die nächste Runde gehen,
so gespannt bist du auf das, was kommt.
Aber es ist noch nicht so weit.

Am Abend sprechen wir über die Höhepunkte des Tages:
ein Telefonat mit Zilya, unserer jüngeren Tochter,
die versucht, ihr Haus in Mexiko zu verkaufen;
oder ein FaceTime-Treffen mit Kira, ihrer Schwester,
die von ihren Hausplänen auf Saltspring Island erzählt;
ein Gespräch mit Hanna,
deiner älteren Schwester in Portland, Oregon;
mit meinen Geschwistern, die uns aus der Entfernung begleiten,
und FaceTime mit Anja, die viel an uns denkt,
mit Dietmar und Christine aus Bern und Ulli aus Berlin,
sowie ein Telefonat mit Sabrina aus dem Schwarzwald.
Auch waren Karl und Ingrid auf FaceTime mal wieder da.
Und Lucas kam, wie jede Woche seit vier Jahren.

Ich frage dich, ob es ein guter Tag war,
und fast immer sagst du: *Ja.*
Mit reduzierten Erwartungen und Fähigkeiten
ist es viel, was du erlebst.
In kleinen Dingen geschieht das ganze Leben.
Wir messen jetzt anders oder überhaupt nicht mehr.

Wir spüren die Kostbarkeit der Lebenskraft,
die großen Pläne fallen von uns ab, Momente genügen,
Berührungen bringen uns eine Welt.
Auch jetzt noch ist das Leben dicht und voller Geschenke.

Was bedeutet das?

Wie unbesorgt sie beide die Diagnose hinnahmen. Es war ein Stück Befreiung, jetzt zu wissen, was es war. Noch waren sie sich nicht sicher, was das bedeuten würde. Noch fühlten sie sich größer als die Diagnose. *Wir werden das schaffen.* Aber tief in ihnen meldet sich schon die erste Angst und die Bilder von Menschen mit Alzheimer beginnen durch ihre Köpfe zu geistern. Es ist nicht zu verhindern, die Krankheit ist doch überall. Er hatte immer gedacht, dass es *ihn* treffen könnte, litt doch sein Vater seine letzten Jahre unter Alzheimer. Er erinnert sich noch, wie seine Mutter einmal sagte, dass sie den Vater nicht auch nur eine Woche länger hätte pflegen können, als er starb, so sehr war sie am Ende. Und jetzt hat nicht der Sohn die Krankheit, sondern seine Frau.
Sie erlebten beide den großen Unterschied. Es ist eines, darüber nachzudenken und es sich auszumalen, dass die Demenz auftreten könnte. Aber sie dann zu bekommen, mit ihr zu leben, sie nicht wegdenken zu können, ist etwas ganz anderes. Der große Abstand zwischen dem Denken und dem Sein. Besonders er wehrte den Gedanken erst ab, machte ihn kleiner, traute sich besondere Fähigkeiten zu, damit umzugehen. Aber der Gedanke schlich sich ein, nahm zuerst nicht viel Raum ein, war aber immer da. Die Zukunftspläne veränderten sich, erst fast unmerklich, dann aber zunehmend mehr. Sie wurden getroffen, betroffener. Vieles im Leben begann sich zu verschieben.

Autofahren

Kurz vor ihrem 80. Geburstag soll geprüft werden, ob sie noch weiter Auto fahren darf. Sie und er beschließen, dass es besser ist, wenn sie es nicht mehr tut, auch wenn sie es noch gut kann. Er erklärt ihr seine Sicht: *Wenn du an eine Ampel kommst* (Gibsons hat inzwischen drei Ampeln), *die gerade auf Gelb wechselt, zwei Fußgänger springen auf die Straße und ein entgegenkommendes Auto will noch vor dir links abbiegen, musst du in weniger als einer Sekunde entscheiden, was richtig ist. Es muss blitzschnell gehen.* Er muss sie nicht lange davon überzeugen. Ab jetzt ist er ihr Chauffeur für jede Fahrt. Ein weiterer Job für ihn, neben dem des Kochs, Pflegers, Masseurs, Unterhalters, Privatsekretärs und Fernseh-Fernbedienung-Bedieners.

Als du heute die Sprache verlorst

für Waltraud

Als du heute die Sprache verlorst,
wusste ich trotzdem,
dass du dich nicht verändert hattest.
Dir gelang nicht, was du sonst konntest,
aber mir gelang es,
dem Verlust keine große Bedeutung zu geben.

Aus deinem Mund kam eine Geheimsprache,
die dir weder etwas gab noch etwas nahm.
Dein Wesen war nicht betroffen.

Was dein Herz
in einem ganzen Leben angelegt hat,
ist nicht durch Momente der Schwäche aufzuheben.
Ich suche dich, wie ich dich kenne,
auch in meiner Ungeduld.

Was du vielleicht heute nicht von dir weißt,
ist längst Bestandteil meines Herzens
und jederzeit abrufbar.

Demenz

Die Herausforderung ist, diese Krankheit immer besser
und umfassender zu verstehen,
keine vereinfachenden Erklärungen abzugeben,
die Wucht des komplizierten Lebens zu ertragen,
mehr als sie nur zu ertragen, sie zu gestalten,
ohne in ein System zu fliehen.

Es ist schwer, die Frage nach dem Sinn zu beantworten.
Sterben wäre einfacher, sagst du, und doch leben wir weiter,
aber nicht in der Breite und Buntheit,
die wir gewohnt sind und mit Gefühlen für das Leben,
die wir beide kennen und immer noch lieben.

Die Würde erhalten, auch mit schrumpfenden Fähigkeiten,
die Achtsamkeit noch als Schatz empfinden,
auch wenn vieles nicht mehr geht
und ein Schatten von früher ist.

Und dann üben, immer wieder üben,
das Leben, wie wir es gelebt und zelebriert haben,
mit unserer Liebe zur natürlichen Welt,
zu Menschen und Ideen, zu Musik und Literatur, zu Filmen,
zu den geographischen Landschaften unseres Lebens,
dieses Leben loszulassen, ohne zu versuchen,
es zurückzuholen, nicht mehr zu denken, *wie es war,*
wie es sein sollte, wie es sein könnte,
die beseelten Vorstellungen für das Alter loszulassen,
und anstatt dessen Meisterin und Meister
der Gelassenheit zu werden, ohne Opfer zu sein,
ohne unterzugehen in der täglichen Pflicht
mit ihrer Ungeduld und ihren Missverständnissen,
vielleicht sogar mit dem zeitweiligen Verlust der Mitte –
das ist die höchste der Hohen Künste.

*Die Wucht
des komplizierten Lebens
mehr als nur ertragen*

Ich, nach deiner Diagnose

Den schweren Kopf auf müden Händen,
knapp vor dem Schlaf am Schreibtisch:
Meine Augen geschlossen,
erinnere ich mich an alles, was du gewesen bist
und was sich in dir schutzlos aufbäumt
gegen das Vergessen.

Ob ich es aushalte, weiß ich nicht –
die Auswanderung deiner Seele
und den Verlust deiner Mitte.
Noch stemme ich mich dagegen
mit der Liebe, der in mir so schwachen.
Noch weiß ich, wie es war.

Schlüssel zur Erde

für Waltraud

Wir haben nicht alles *richtig* gemacht,
nur so *richtig,* wie wir konnten
mit unseren ungelenken Bewegungen
und unserer fehlenden Reife.
Es gab immer Raum für Verbesserung,
besonders in der Liebe.
Aber in den vielen Jahren
gab es doch überraschende Momente,
in denen alles stimmte
und wir die dunkle Erde aufschlossen,
als hätten wir einen Schlüssel
für die Verschlossenheit der Welt gefunden.
Es waren goldene Augenblicke,
die wir oft erst erkannten, als sie schon vorbei waren.
Aber wir spürten ihr Licht
und ihre Wärme auch dann noch.

Im Moment

Du lebst im Moment, sagt er zu ihr und sie denkt, dass sie lieber wieder in großen Zeitläufen denken würde und die Stunden im Vorbeifließen erkennen möchte. Manchmal beneidet er sie um ihre Fähigkeit, so intensiv im Moment zu leben. Und doch würde er nicht tauschen wollen. Mensch zu sein ist auch, eine Vergangenheit zu haben und sich auf eine Zukunft zu freuen. Und darin im Moment zu leben. Darin. Aber er geht mit ihr in den Moment, auch in den Lewy-Body-Moment, in dem sie aus einer Welt kommt, die er nur erahnen kann. Manchmal wirkt sie, als würde sie lieber in dieser anderen Welt bleiben. So ist sie heute glücklich aufgewacht, *weil es dort zu schön war,* erzählt sie ihm.
Die Tochter kommt und sie erzählen ihr, was sie erleben und wie sie damit umgehen – und merken dabei, wie schwer es ist, ihrer beider Welt fassbar zu machen.

Waltraud mit der jüngeren Tochter Zilya

Ernst

In Corona-Zeiten

Aus der Erde wächst die Angst.
Sie geistert in dein und mein Gesicht.
Wir fassen uns nicht mehr an,
wir lassen die Finger
nur die eigenen Narben fühlen
und ringen um Atem.
Die Wortkunst geht unter
und über dem Wald
erscheint der Mond blutig
und wie zum letzten Mal.

Der Segen hat Tür und Fenster geschlossen.
Wenn der Atem flacher geht,
rückt der Himmel näher.
Oder sind es deine verweinten Augen,
die dich blind machen?
Nichts ist uns ständig so nah
wie die Angst, die Unfassbare,
und nach der Liebe
öffnet uns nichts so den Himmel
wie die geteilte Angst.
Es ist der 5. April 2020.

Dein Herz ist nicht leer

Bist du traurig?, frage ich Waltraud.
Sie antwortet: *Wenn ich hier liege und dich anschaue,*
bin ich nicht traurig. Ich sehe dein Herz und das ist nicht leer.
am 6. Juni 2020 19:10

Leer ist es nicht, aber oft genug beschwert.
Von überall stürzen Begrenzungen auf mich ein,
zeigen mir, was nicht geht. Ich erkenne,
wie ich in meinen alten Vorstellungen gefangen bin,
auch wenn ich noch lernen und wachsen will.
Dann frage ich mich, was ich dir sein kann,
die du schon die andere Welt schmeckst,
manchmal in sie hineinruderst auf den Bildern,
die dir deine Krankheit zuspielt.
Die Frage ist so einfach geworden
und doch ist sie oft unbeantwortbar.
Was brauchst du – und kann ich es dir vermitteln?

Und dann bietet sich wieder das Erschreckende an,
das gleichzeitig eine Auszeichnung für uns ist:
Das Leben mutet uns diese Herausforderungen zu,
weil es weiß, dass wir sie bewältigen können.
Aber kennt uns das Leben wirklich?

Am Ende stehen wir das Schwere alleine durch.
Wenn ich deine Hand nehme und sie fest drücke,
wird sie trotzdem nicht meine Hand.
Deine Not ist nur indirekt meine.
Aber vielleicht gibt es Momente,
in denen du dich an mein Herz, das volle, erinnerst,
wenn es dir besonders schwer wird.

Demut und Dienen,
daran entscheidet sich,
wie erfüllt das Alter sein wird.
Für alle.

Dienen

Kurz vor der Zeit ihrer Diagnose hatte er sich überlegt, wie er sein restliches Leben verbringen will, seinen Lebensabend. Dabei kam ihm immer wieder der englische Begriff *to serve.* Er lässt sich mit *dienen* übersetzen, erfasst das Wort aber nicht genau, weil in dem Wort *dienen* etwas Unterwürfiges mitschwingen kann. Das verstand er nicht unter dem Wort *serve.* Es ging ihm um *behilflich sein, betreuen, bedienen.*

Er hatte nicht erwartet, dass das Leben ihm zu seiner Überlegung so schnell die Möglichkeit geben würde, sie zu leben. Jetzt lebt er sie. Dabei muss er manches erst lernen. Zum Beispiel, das eigene Wollen zurückzustellen, Unwichtiges wichtig zu nehmen, nur da zu sein, ohne etwas zu leisten. Sich nicht mehr zu fragen, ob diese oder jene Tat eine tiefe Bedeutung hat. Nicht mehr mit alten Maßen zu messen.

Manchmal wehrt er sich noch dagegen. Er will zurück in die Zeit *davor,* so wie viele zurückwollen in die Zeit vor der Pandemie. Und andererseits entdeckt er im Dienen eine Tiefe und Schönheit, die er vorher nicht kannte und so nicht vermutet hatte, oder zumindest für sich nicht vermutet hatte. Er übt es auch, darin kein Opfer zu sehen. Er opfert sich nicht auf, auch wenn es manchmal schwer zu tragen ist, die langjährige Partnerin so zu sehen und das eigene Leben zurückzustellen. Er denkt oft: *Dies ist jetzt mein Leben.*

Es so zu sehen erfordert von ihm eine neue Tiefe in der Demut. Der Begriff ist seit Jahren in ihm gewachsen und nimmt jetzt eine zentrale Rolle in seinem Leben ein. Er ahnt, dass sich an der Demut und dem Dienen der Rest seines Lebens entscheiden wird.

Deine unsichtbare Welt

Ich würde gern deine unsichtbare Welt fotografieren,
sie digital erfassen, um das zu sehen, was du siehst,
und besser zu verstehen, was du mit dem Gesehenen machst.

Blende 11 und eine 100stel Sekunde
und das Fassbare war gebannt.
Ich habe es ein Leben lang versucht,
das Unfassbare durchscheinen zu lassen,
und manchmal gelang es
und die Welt war groß, tief und wunderbar.

Jetzt muss ich mich an das halten,
was du mir berichtest.
Erzähl mir weiter von der Welt
neben dieser Welt, unter dieser Welt,
über der Welt, die jeder von uns kennt.
Stoß die Tür in deine Welt auf, solange du kannst.

Hilflosigkeit und Hilflosigkeit

Manchmal mühe ich mich an deiner Hilflosigkeit ab.
Ich will nicht, dass du dich fallen lässt
in das, was du nicht mehr kannst.
Ich will, dass du dich anstrengst,
dass du dich zusammenreißt und es versuchst,
anstatt es mir zu überlassen.
Ich will nicht, dass du dich hilflos dem Schicksal ergibst.

Dann begreife ich,
dass das alles Begriffe aus *meiner* Welt sind,
die vielleicht für deine nicht mehr gelten.
Dann sage ich mir,
dass ich mich zusammenreißen und anstrengen
und *meine* Hilflosigkeit erkennen muss.

Wir sind zwei Boote in der Heftigkeit des Meeres,
die darum kämpfen, das Steuer nicht ganz
aus der Hand zu geben.
Ich halte dich an mich gedrückt
in den überwältigenden Wellen
und du erinnerst dich, so gut du kannst,
an das Abenteuer unserer Liebe über viele Jahre.

Im Königreich des Unwissens

Ich sitze am Meer
und die Sonne sinkt rot über den Inseln.
Eben flogen vier Graugänse mit ihrem heiseren Schrei
knapp über mich hinweg.

Ich sitze und denke über Gott nach,
über seine Erfindung des Todes für alles, was lebt.
Ich hätte es irgendwie anders gemacht,
aber ich weiß nicht wie.

So oder so ist es ein großer Sprung vom Leben in den Tod
und vielleicht wieder ins Leben – hier oder da.
Heute in deinem Krankenbett sagst du,
dass der Sprung für dich nicht mehr so groß ist.
Vielleicht glaubst du, dass du das mittlere Ziel
einfach überspringst und vom Leben zum Leben gehst.

Eben sinkt die Sonne ins Meer.
Manchmal meine ich, das Zischen zu hören,
wenn ihr gewaltiger Körper,
1,3 Millionen Mal so groß wie unsere Erde,
in den Pazifischen Ozean fällt.

Noch immer denke ich an Gott.
Alles, was wichtig ist, bleibt ein Geheimnis,
verborgen im Königreich des Unwissens,
während die Graugänse
nach einem sicheren Platz für die Nacht suchen.

Die zarte Art

Es gibt eine zarte Art des Leids,
in der die Not sich filigran zeigt
und das Herz vorsichtig
und mit viel Geduld
und so, als wolle es alles
zeitlich ausdehnen,
zerbricht
und sich selbst zerbrochen sieht
und sich doch aushält
bis hin zur Genesung,
die in dem zu finden ist,
was sich nur Riss um Riss
und Bruch um Bruch
erneuert.

Abschied

Der Weißkopfseeadler ist auf dem Baum vor ihrem gemeinsamen Schlafzimmer gelandet. Von seinem hohen Pfeifen wissen sie, dass er da ist. Er zieht die Gardine auf, damit sie ihn sehen kann. Gleich darauf landet ein zweiter Adler. *Sie paaren sich fürs Leben,* sagt er. Sie schweigen beide und gehen wieder den Gedanken nach, wie schwer vorstellbar es ist, nach über 55 Jahren zu gehen und den anderen zurückzulassen. *Millionen jedes Jahr erleben das,* sagt er nachdenklich. Sie schweigen, sie wollen es einsinken lassen. Es gelingt ihnen nicht. Etwas in ihnen wehrt sich dagegen, auch wenn sie wissen, dass die Abwehr nichts bringt. Aber doch, sie *wehren* sich, das ist etwas. Es ist ein stiller Aufstand. Vielleicht ist genau das in dieser Situation die Treue zu sich selbst. Und dann wiederum wissen sie beide, dass es wichtig ist, das Loslassen zu lernen. Es wird kommen. Die absolute Sicherheit und Unflexibilität hat etwas sehr Störendes, aber genau darum geht es. Mit dem Tod ist nicht zu handeln. Sie wissen, dass sie lernen müssen, damit umzugehen. Sie müssen sich stören lassen und dann müssen sie die Störung überwinden und wieder ruhen.

Das Herzkreisen

Aus der Hausssprechanlage kommt deine Stimme:
Ulli, kann ich dahin kommen, wo du bist?
Ich antworte: *Ja, ich komme und hole dich.*

Ich war gerade am Schreiben,
in meinem Arbeitszimmer eine Etage tiefer –
an einem Gedicht über die Jahresringe, die wir bilden,
über die Bedeutung, die uns nie verlässt,
über das Ebben und Fluten, das Herzkreisen.
Und plötzlich stehe ich mittendrin
durch deinen Wunsch, mit mir zu sein.

Ich erkenne in deinem Wunsch
deine Neigung, nicht allein sein zu wollen
mit den vielen Gedanken, die oft im Nichts enden.
Wir teilen sie, gemeinsam halten wir es aus.
Dann sagst du:
Ich denke immer an andere Menschen,
die hier mitten unter uns sind,
als wolltest du alle mit einbeziehen.

Manchmal stürzt das ganze Leben auf uns ein,
fällt über uns her, packt uns, schüttelt uns
und führt uns an den Rand von uns selbst.
Auch da sind wir noch wir selbst,
wenn wir auch einen Moment lang
fremd für uns wirken.

Freunde

Sie hatte gedacht, dass sie ein halbes Jahr nach der Diagnose tot sein würde. Sie weiß nicht, woher der Gedanke kam. Jetzt ist sie manchmal enttäuscht, dass schon mehrere Jahre vergangen sind, aber es tut ihr nicht leid. Noch immer ist das Leben schön, wenigstens an manchen Tagen. Noch immer möchte sie sehen, wie es mit der Welt weitergeht. Zwischendurch hat sie das Empfinden, dass es mit der Erde zu Ende geht, vielleicht weil sie an ihr eigenes Ende denkt. Er lä *dort* chelt, wenn sie es sagt. Sie hat es schon oft erwähnt.
Das Gepräch heute ist leicht und nicht vom Tod gekennzeichnet. Der Tod ist nicht ihre einzige Option. Es gibt noch das Leben mit den Töchtern Kira und Zilya, mit den Freunden am Ort: Liz, Lucas, Naya, Lani und den zwei Rohannas, mit Marleen, mit Anja in Deutschland, mit Uli in Berlin, mit Karl und Ingrid, mit Gudrun, mit Sabrina im Schwarzwald, mit Diethard in San Diego, mit Thielmanns in Bern, mit Willow in Vancouver. Die Liste ist immer noch lang. Noch wäre da der Tod ein Störenfried. Aber er wird seine Zeit haben und es wird richtig sein. Es wird nicht tragisch sein.
Er sagt ihr immer wieder, dass Demenz zunächst keine Krankheit zum Tode ist. Und dann reden sie darüber, ob der Körper, die Seele oder der Geist die Entscheidung trifft, wann es Zeit ist zu gehen. Beide wünschen, dass die Seele oder der Geist den Schlusspunkt setzen, nicht der Körper in seinem unbändigen Drang, länger zu bleiben, zu überleben, während der Geist sich schon auf neue Abenteuer freut.

mit Willow, einer guten Freundin in Vancouver

Die Seele und der Geist
sollen den Schlusspunkt setzen,
nicht der Körper.

Das Alter

Er liest bei Euripides, dem griechischen Klassiker: *Die Jugend ist ewig mir teuer. Das Alter ist jedoch eine Bürde, noch schwerer als die Felsen des Ätna, es lastet mir auf dem Haupt, es hat mir umdüstert den Augenblick.* Geschrieben um 420 vor Christus.

Er überlegt, ob er es so erlebt. Ja, manchmal. Dann wendet er den Trick an, wie schon seit Jahren. *Ich bin nicht (nur) alt, weil ich mich noch immer erneuere.* Auch gerade jetzt, wo er sich um sie kümmert und sie in ihrer Demenz begleitet. Fast täglich fragt er sie, ob ihr Leben noch lebenswert ist, und sie bejaht es fast immer, auch jetzt am Ende eines Tages, der damit begann, dass sie lange nicht sprechen konnte, ihr Körper zusammengesunken vor ihm saß und er zehn Minuten brauchte, um sie ins Auto zu setzen, damit sie zum Zahnarzt fahren konnten. Das Alter ist eine Bürde. Ist sie abzuwenden? Vielleicht nur durch eine innere Haltung. Er will nichts verherrlichen, aber auch nichts bejammern. Rührseligkeit und Weinerlichkeit helfen nicht. Er weiß, dass wer sich selbst leid tut, wenig Liebe bekommt, oft nur Mitleid. Und Mitleid ist zu wenig, ist nur ein Ersatz für die kostbare Liebe.

Und was, wenn sich eine gewisse Reife nur durch dieses Ausgesetzsein öffnet? Er erinnert sich an die Samen von Mammutbäumen, die jahrelang auf der Erde liegen können und nicht keimen und wachsen. Es bedarf eines Feuers. Erst wenn das Feuer über sie hinweggeht, brechen sie auf und der neue Lebenszyklus kann beginnen. Er fragt sich: *Was muss noch über mich hinweggehen, damit aufbricht, was noch fehlt, was noch unreif ist, und wie heiß muss das Feuer sein – und wie überstehe ich es?*

Lieben, ohne es zu merken

Lieben, ohne es zu merken,
sich hineinversetzen, hineindenken,
sich im anderen sehen,
nicht mehr über sich nachdenken,
in die Welt hineinfließen.
Nicht über den Preis und Gewinn grübeln.
Nicht Verlust und Opfer abwägen.
Nicht nachdenken darüber, was passt und was nicht passt.
Sich nicht mehr überwinden, nicht mehr anstrengen,
nicht mehr anders können,
weil es zur zweiten Natur geworden ist,
zur ersten Natur, zur einzigen Natur.

So elementar sein, dass die Unterschiede aufhören,
dass die Abstände aufgehoben werden,
dass die eigene Seele eine Blume ist,
die nur beglückt, ohne es zu wissen,
ohne Formeln, ohne Abrechnen, ohne Überlegung.

Lieben als *wesentlich werden* verstehen,
ausufern, übergehen, überfließen, erkennen,
blühen, erwachen, reifen wie eine Frucht.
Den Zweifel ruhen lassen.
Nicht mehr den Willen einsetzen,
hinter den Willen zurückgehen,
die Schichten unter dem Willen anbohren
und die Schichten darunter, bis die Welt sichtbar wird,
in der alles eine Form von Liebe ist.
Nicht mehr anders können, als zu lieben,
ohne es zu merken.
Es an sich selbst vorbei tun.

Verhungern

Du überlegst wieder einmal,
ob du aufhören solltest zu essen,
um nicht die lange Reise nach unten
in deine Krankheit durchmachen zu müssen.
Du fragst dich, ob dir diese Abkürzung gelingen würde.

Vor ein paar Wochen hast du mich gefragt:
Warum schmeckt mir alles, was du kochst, so gut?
Ich habe es als Kompliment verstanden,
aber vielleicht war auch Not in der Frage,
weil dein Wunsch, zu gehen, immer da ist.

Ich würde es schwer finden, dich verhungern zu sehen,
aber ich würde deinen Wunsch ehren
und auch aufhören, vor dir zu essen,
aber noch essen, um bei Kräften zu bleiben,
damit ich dich begleiten kann
bei diesem herben Schritt
auf deiner letzten Reise.

Ich weiß nicht, wie du heißt

Du sagst den Satz,
während wir uns vertraut anschauen.
In dem Moment trifft er mich nicht.
Dein Blick hebt die Unwissenheit auf.
Mein Wesen liegt nicht in meinem Namen.
Dein Wesen liegt nicht
in der Erinnerung meines Namens.

Angst

In letzter Zeit merkt er, wie die Angst in gewissen Momenten zunimmt, die Angst, wie er damit umgehen würde, wenn es ihr noch schlechter ginge, wenn sich ihre Persönlichkeit verändern würde, wenn sie nicht mehr sprechen könnte. Er malt sich diese Szenarien aus und ist sich unsicher über seine Fähigkeit, das zu bewältigen. Er weiß, dass es wichtig ist, nicht von der Angst her zu denken, und so rafft er seine Kraft zusammen und konzentriert sich auf die Gegenwart und die Beziehung. Dann ist ihm wieder wohl. *Wie schön es manchmal noch ist*, sagt er sich still. Er denkt daran, wie gern er sie noch streichelt, ihre Haare, ihre Hände und Wangen, und wie es ihm Freude macht, für sie zu kochen. Er ist der Mittler in vielen Gesprächen zwischen ihr und den Kindern, den Freunden am Ort und in Übersee. Sie hat Mühe, ein Gespräch zu führen, und begrüßt es, wenn er es tut und sie zuhören und ab und zu etwas hinzufügen kann. *Das sind erfüllende Tätigkeiten für uns beide,* denkt er. Daran will er denken, wenn die Angst kommt. Inzwischen weiß er auch, dass jede Demenz anders verläuft. Er hofft, dass ihnen das Schlimmste erspart bleibt. Und gleichzeitig denkt er, dass es vielleicht für seine eigene Reife nötig ist, auch das ganz Schwierige zu erleben. Er fühlt sich ausgesetzt, sieht sich aber nicht als Opfer. Der Unterschied ist ihm wichtig.

Zwischen Himmel und Erde

Ich möchte gern
zwischen Himmel und Erde leben.
Das ist nicht leicht,
aber viele wollen das.
– Waltraud am 25. Januar 2021

Du warst schon immer eine Wanderin
zwischen Himmel und Erde,
zwischen Innen und Außen,
zwischen dem, was ist,
und dem, was du entfalten möchtest.

Deine Lippen wollten das Unaussprechliche sprechen,
deine Augen das Unsichtbare sehen,
und dein Geist wollte mit einer Weltformel
alles zu einem Ganzen machen.

Oft konnte ich dich begleiten
und dann wieder musste ich dich ziehen lassen.
Dabei ahnte ich, dass Engel vor dir hertanzten,
ein jeder begabt mit deinem Eifer,
mit deiner zarten Sehnsucht
und deinem ausufernden Sinn für das Unendliche.

Und an manchen Tagen sind sie noch da, die Engel,
und du tanzt mit ihnen wie früher
und der Himmel öffnet sich.

Endgültig

Du wünschst dir,
im Schlaf zu sterben.
Es gibt Momente,
da trete ich an dein Bett
oder an die Couch,
auf der du am Nachmittag liegst,
um zu sehen oder zu hören,
ob du noch lebst.

Ich tue vor mir selbst so,
als wollte ich mich nur informieren,
und doch hängt so viel meines Lebens
in dieser unausweichlichen Schwebe.

Die Unwiederbringlichkeit
spüre ich schon seit Jahren,
nur wird sie jetzt wirklicher,
als sie je war.

Anschauen

Ich lasse mein Wort deinem folgen,
dann dein Schweigen meinem.
Wir haben nur noch unsere Augen,
um zu sprechen, zu schweigen.
In Minuten werden wir alt, wieder jung, zeitlos,
und können uns nicht vorstellen,
dass es enden soll, dieses Aufgehobensein
außerhalb der Gedanken,
diese Pupillenverlorenheit
und ihre Wiedergewinnung.

Wäre es nicht möglich?

1
Immer wieder sage ich *immer wieder,*
weil ich nicht aufgeben will, dich hier in der Dichte
des Lebens mit seiner Schönheit und Schwere zu behalten,
sodass du die Erscheinungen
deines inneren und äußeren Lebens
noch wahrnehmen kannst. Immer wieder.

2
Es müsste gehen, die Zeit anzuhalten,
gideonartig die Sonne nicht untergehen zu lassen
und den Verlust der Erinnerungen
aufzuhalten, als würde man eine Flugreise ins Nimmerland
einfach lebensrettend stornieren. Es müsste doch gehen.

3
Könntest du nicht gewisse Bereiche
deines Gehirns unantastbar machen
für die fortschreitende Demenz,
so wie man Schnecken eine Reihe Gemüse überlässt,
damit man die anderen für sich behalten kann?
Könntest du das nicht?

4
Die Einschätzungen und Abläufe, die du ein Leben lang
geübt und tausend Mal wiederholt hast,
könnten jetzt doch alle Vergesslichkeit aushebeln,
sich durchsetzen und dir dein Leben wiedergeben.
Das könnten sie doch.

5
Wäre es möglich, dass du dich schüttelst, zusammenreißt,
freimachst von den krausen Gedanken, dem Fremden,
das dich besitzen will, und du wieder zu uns zurückkommst
als die, die wir kennen und verstehen?
Wäre das nicht möglich?

Du berührst mich aus deiner Welt

für Waltraud

Du berührst mich aus deiner Welt,
reichst mit nur einem Finger früh morgens zu mir herüber
und noch einmal, nach mehr als 50 Jahren,
entstehen wir neu in uns und füreinander,
alt und doch noch mit der Jugend begabt, die wir geteilt haben.
Die Sekunde, die wir gelebt haben, geht dem Ende zu.
Die Tage und Jahre waren nur Augenblicke,
in denen sich erfüllte, was wir nicht geahnt haben.
Es war ein Hauch.

Jetzt haben wir schon manchmal
die Leichtigkeit, mit der man hier nicht mehr
angekettet zu sein braucht.
Ich konnte heute in deinen Augen sehen,
dass du in deinen Traum fällst, auch da, wo er schmerzt.
Ich werde versuchen, dich aufzufangen,
damit du nicht erschrickst,
aber vielleicht fängst du mich ja auf,
wie du es mit deinem Finger schon getan hast,
der gestern meine Hand und meinen Arm entlanglief,
als suchte er meine Seele.

Mit einem Auge werde ich auf die sich öffnende Tür achten,
um das Wunder hier und zugleich dort
nicht zu verpassen.

Prüfung

Er wird geprüft, er prüft sich selbst. Seit vielen Jahren hat er bei Vorträgen und auf Lesungen betont, wie wichtig es ist, das anzunehmen, was nicht zu ändern ist. Bei ihm stammt es aus der Nachkriegszeit, als es wichtig war, mit dem Wenigen, was es gab, auszukommen. Und dann etwas später, als die Eltern nach Kanada auswanderten und er als Kind keine Wahl hatte, als mitzugehen.

Jetzt weckt sie ihn oft mit einem lauten Rufen aus ihren Träumen und Halluzinationen oder mit einem lauten schnarrenden oder pfeifenden Ton in ihrem Schlaf. Es geschieht häufig, nachdem er nur vier oder fünf Stunden Schlaf gehabt hat. Er kann nicht wieder einschlafen und er weiß, dass ihm der Schlaf später am Tag fehlen wird. *Könnte sie dieses Wecken nicht unterbinden?* Es gibt Momente, in denen er das denkt. *Sie braucht nur auf den Wecker am Fußende zu schauen und zu sehen, dass es noch nicht Zeit zum Aufstehen is*t. Er merkt seinen Ärger, seine Kleinlichkeit. Und er merkt seinen Ärger über seinen Ärger, seine Unreife. Er weiß, dass ihre Krankheit das mit ihm macht. Aber er hat ebenfalls ein Leben lang davon gesprochen, dass jeder Mensch seine Haltung zu unabänderlichen Ereignissen selbst bestimmen kann. Und doch gibt es Momente, in denen er es nicht kann – wo er es wählt, es nicht zu können –, er belügt sich nicht. Er erkennt es als seine Grenze an, aber es reicht ihm nicht, es so zu sehen. Noch gibt es die Möglichkeit, sich zu bewegen und etwas anders zu tun, als er es gerade tut. Die Freiheit will er nicht aufgeben.

Unsere Kurzsichtigkeit

Nie ist nur einer von uns krank.
Die Heilung, die du für dich suchst,
gilt mir, ohne dass du es weißt.
Deine Not ist Ausdruck
des Verbannten in mir.
Meine Verletzung drückt sich
in einer Wunde bei dir aus.
Gegenseitig machen wir einander krank
und heilen uns ebenso.
In unserer Kurzsichtigkeit
verstehen wir nicht,
dass es nur einen Körper gibt,
den wir alle teilen.

Vorläufiges

Auch wenn ich schwach werden sollte
und dich an irgendeinem Tag
weniger liebte und du es sogar spüren würdest
oder ich mich traute, es dir zu sagen,
so steht diesem Kleinen in mir
das Große meines Inneren gegenüber,
das dir sagen will,
dass sich nichts verändert hat
als nur etwas Vorläufiges,
das nichts bedeutet.

Der Tanz

Es ist wie ein Tanz in diesem Geschehen, aus dem er von ihr und sie von ihm nicht zu lösen ist. Sie ist in seiner Pflege, in seiner Obhut, nicht nur ihr Körper, auch andere Teile ihres Lebens. Er hat die Aufgabe angenommen, er will es so, will es auch weiter so, auch wenn er sich fragt, ob er es schafft. Und sie will es auch so. Dann reden sie darüber, wie es ihr wohl gehen würde, wenn sie in ein Heim käme. Sie sind schon oft in einem Heim gewesen, weil dort ihre Gruppe *Raising the Curtain on Dementia* (*Den Vorhang über Demenz lüften*) seit Jahren tagte, bis Corona kam. Bei der Gelegenheit hat er die Bewohner des Heims gefragt, wie es ihnen im Heim geht. *Es ist der Himmel auf Erden*, antwortete eine Bewohnerin, die sie schon von früher kennen. Die Frau hat keine Demenz, kann ihre Pflege beurteilen. Vielleicht wäre es darum eine Option. Und doch wehrt er sich dagegen, und auch sie möchte jetzt noch lieber zu Hause bleiben. Sie passt nicht in ein Heim, in feste vorgegebene Zeiten und eine gewisse Unmöglichkeit zu einem Gespräch zu irgendeiner Stunde. Sie braucht vielleicht sogar den Blick über das Meer in die Weite. Würde im Heim zu jeder Tages- und Nachtzeit jemand kommen, wenn sie ruft, so wie es zu Hause der Fall ist? Würde sie dort jemand mehrmals am Tag auf den Kopf küssen oder sie vorbeistreifend berühren und genau die Musik wählen, die sie in dem Moment anspricht? Seit Jahren hat sie sich gewundert, wie ihm das immer wieder gelingt. Er kann es sich nicht vorstellen, dass sie all das in einem Pflegeheim haben würde. *Aber schaffe ich es auf Dauer?*, fragt er sich. Er weiß, dass eine Million Menschen sich heute überall auf der Welt diese Frage stellen und von der Million sich Tausende übernehmen und einen *Burnout* erleben. Es gibt ihm eine gewisse Ruhe, dass er nicht allein ist mit der Frage, auch wenn er sie am Ende alleine beantworten muss.

Der Blick nach hinten, nach vorne
für Waltraud
Aufzeichnung ihres Traumes vom 15. März 2018,
den sie mir erzählt hat

Sie merkt, dass alles leicht ist, und doch hat es noch nie
ein wichtigeres Ereignis als dieses gegeben.
Sie weiß es im Fluss ihrer Seele.

Sie schaut zurück, ihr Blick versucht festzuhalten,
was sie sieht, noch hängt sie daran.
Aber sie spürt, dass sie sich davon lösen wird.
Dann schaut sie nach vorne, es geht etwas bergauf,
aber es ist zu schaffen, auch wenn es Arbeit ist.

Etwas hebt sie empor, sie schwebt.
Im Überblick kann sie sehen, dass der Blick nach hinten
und der Blick nach vorne *ein* Blick sind.

Jetzt kommt zum Blick nach hinten die Liebe dazu.
Und der Blick nach vorne sieht den Tod.
Sie gehören zusammen, das eine ermöglicht das andere.

Die Blicke zurück und dann nach vorne
wechseln sich ab, wandern hin und her
wie eine Wiege, wie eine Wippe, die sanft schaukelnd
beide Seiten betont, wie ein Weberschiffchen, das Liebe
und Tod miteinander verwebt und daraus eine große Decke
macht, unter der es leicht ist, warm zu bleiben.

Alle, die sie geliebt hat, treten auf, wollen gesehen
und erlöst werden durch Liebe und Tod:
immer die beiden zusammen, die Unzertrennlichen.
Die Namen kommen und gehen und Schritt um Schritt löst sie sich,
um nach vorne hin frei zu werden, nimmt dabei die Liebe mit
und kann so den großen Schritt tun, den Schritt
über die Grenze der Grenzen, wann immer das sein wird.

Liebe nicht nur denken,
sondern sie sein –
rand- und grenzenlos.

Erschöpfung

Sie muss jetzt oft mit ihrer Zuwendung haushalten. Sie kann nach einer Stunde oder auch schon nach nur 20 Minuten so erschöpft sein, dass nichts mehr geht. Jede Aufmunterung prallt an ihr ab. In solchen Situationen lässt er seine Überredungskünste ruhen. Der Schlaf oder die Erschöpfung hat sie entführt. Keine Antwort ist mehr zu erwarten. Manchmal meint er, sie vor anderen entschuldigen zu müssen, aber die guten Freunde wissen längst, dass es nicht gegen sie geht. Meistens sind sie dankbar, Minuten der Aufmerksamkeit von ihr bekommen zu haben.

Die Erschöpfung scheint manchmal gleichzeitig ein Betreten ihres Innenraumes zu sein. *Nirgends, Geliebte, ist Welt, als nur innen,* hat er ihr neulich Rilke zitiert. Sie lebt es und manchmal hat er das Empfinden, dass er sie in diesem Innenraum stört. Er kennt die Heiligkeit dieses Raumes aus seinem Leben. Er ist oft da und kommuniziert dort mit dem, was jenseits von ihm kommt und sich doch hier manifestieren will: in seinen Gedichten und in dem, was er in seinen Seminaren und Lesungen sagt.

Später hinzugefügt: Jetzt hat sich die Zeit stark reduziert. Manchmal sind es nur Minuten oder gar nur Sekunden, für die ihre Konzentration reicht. Es wirkt immer wieder, als wenn etwas anderes sie ruft oder mit Erwartung belegt. Er ist manchmal ungeduldig, sogar ungehalten über ihre fehlende Konzentration, bis er begreift, dass das jetzt *ihre Welt* ist und er seine Erwartungen loslassen muss. Das ist die große Übung. Die ganz große Übung. Das ist seine Erschöpfung. Er erschöpft sich.

Kauderwelsch

Er lehnt sich immer wieder vor, versucht zu verstehen, was sie sagt. Schon seit Stunden spricht sie fast nur Kauderwelsch. Oft beginnt sie mit ein paar Wörtern eines verständlichen Satzes und dann folgt eine Reihe Wörter, die in keinem Wörterbuch zu finden sind. Er möchte sie gerne verstehen, hören – wo sie innerlich ist und was in ihr vor sich geht. Aber er bricht nicht durch zu ihr. Manchmal scheint sie zu merken, dass sie nicht verstanden wird, aber sie redet trotzdem weiter. Von außen betrachtet wirkt es wie absurdes Theater. Oder wie ein Bild unserer Gesellschaft, in der Menschen miteinander reden, ohne einander zu verstehen. Er streichelt sie oft, weil er sich vorstellen kann, dass ihre Unfähigkeit sie frustriert und das Kauderwelsch ein Ausdruck von Stress ist. Das Streicheln soll die Wortkommunikation ersetzen. Er weiß nicht, ob es das tut. Er merkt, dass er jetzt vieles tun muss in der Hoffnung, dass es wirkt. Er weiß es nicht vorher und kann auch hinterher nicht prüfen, ob es sie erreicht hat. In den vielen Wiederholungen, die jetzt sein Leben ausmachen, hat er viele Möglichkeiten zu üben. Die Wörter anders zu wählen, die Gestik zu verändern, sie zu berühren, sie nicht zu berühren, sie anzusehen, sie sich selbst zu überlassen. Er erlebt sich manchmal als Anfänger in der neuen Kommunikation.

Bereit

Manchmal meine ich,
ich könnte dich mit meiner Liebe
noch länger hier halten, an meiner Seite,
in diesem Schattenreich,
mit Menschen, die sich aneinander festhalten
auf der Suche nach dem geringsten Halt.
Bis ich merke,
dass du längst bereit bist, zu gehen.
Es ist *mein* Bedürfnis
und manchmal nur, weil in deinem möglichen Tod
meiner schon zart vorweggenommen wird
und ich noch nicht bereit bin, ihm zu begegnen.

Der Kern der Not

Je öfter wir keine Wörter finden
für unsere Trauer, für das Notvolle,
für die Löcher in unserem Leben,
desto mehr wird unser Schweigen zu einem Gebet,
zu dieser Sprache der Seele,
die ohne Umwege über Wörter auskommt.

In der Wortlosigkeit gewinnt das,
was wir sagen wollten, an Tiefe.
Was wir noch sagen können,
ist oft nur die Oberfläche unserer Not.
Jenseits der Wörter öffnet sich eine Tür –
treten wir über ihre Schwelle,
treffen wir uns selbst dort,
wo wir erkannt werden wollen
und wo wir uns selbst erkennen.

Lassen wir auch da die Wörter.
Wir sind angekommen,
weil wir wissen, dass wir noch weit zu gehen haben.
Darin liegt das Glück,
welches nichts anderes ist
als der Kern der Not.
Alles ist Fortbewegung.

Das Tuch, das Waltraud trägt, ist von Uta Galuska gearbeitet.
Darauf steht: *Das große Dunkel leuchtet.*
Der Gedanke passt gut zu Waltrauds Lebensauffassung.

Wortlosigkeit

Fast jeden Morgen wäscht er ihr Gesicht mit einem feuchten Tuch – die Stirn, die Nase, die Wangen, das Kinn, die Augenlider. Sein Wesen fließt in die Hand mit dem Tuch und sie merkt es. Sie hält still, schließt die Augen und genießt es. Wortlos finden sie zueinander. Insgesamt nimmt die Wortlosigkeit jetzt einen größeren Raum in ihrem Leben ein. Es ist, als gäbe es dort manchmal die tiefere und unmissverständlichere Annäherung. Und dann wiederum ist das Schweigen schmerzhaft, wenn plötzlich der Fluss zwischen ihnen aufhört. Dann versucht er oft, die Wortlosigkeit aufzubrechen, doch wieder zu Worten zu gelangen, bis er merkt, dass es in den Momenten nicht geht. Es fällt ihm schwer, das zu akzeptieren und damit seinen Frieden zu schließen. Er weiß, wie sehr er von Worten gelebt hat – ist er doch Schriftsteller geworden. Er begegnet einer großen Herausforderung.

Alles Schwere
und Unangenehme
ist der Anfang einer Perle,
sagt die Auster.

Pheromone des Herzens

Waltraud: *Ich wusste heute morgen nicht, wer du in meinem Leben bist.*
Ulrich: *Und jetzt?*
Waltraud: *Jetzt weiß ich es. Es dauert meistens nur ganz wenig Zeit, bis ich es wieder weiß.*

Gibt es eine Wahrnehmung, die von tief innen in uns kommt, ein Erkennen, das sich nicht festmacht an einem Namen, einer Rolle oder einer Fähigkeit? Können wir einander aufnehmen, ohne etwas über den anderen zu wissen? Gibt es eine Kommunikation, zu der wir fähig sind, von der wir aber nur wenig bis nichts verstehen? Manchmal suchen und versuchen er und sie diese Art der inneren Begegnung. Es gibt viel zu lernen. Es wäre eine Art, über die Begrenzungen, die die Demenz mit sich bringt, hinauszugelangen. Es gibt die sogenannte Liebe auf den ersten Blick. Auch wenn wir wissen, dass dies viel mit Projektion, mit Hormonen und mit Pheromonen zu tun hat, so scheint es doch mehr als nur das zu sein. Vielleicht gibt es eine Art Kommunikation auf den ersten Blick, oder auf den tausendsten Blick, wenn dieser Blick vom Herzen gesteuert wird. Man könnte von Pheromonen des Herzens sprechen, die nicht zu riechen, wohl aber zu spüren sind. Ein Mensch strahlt etwas aus, ohne etwas zu sagen, ohne etwas zu tun, sogar ohne sich zu bewegen. Das interessiert sie beide, auch wenn die Kommunikation auf anderen Ebenen eingeschränkter ist als früher. Vielleicht ist die übliche Kommunikation begrenzter, damit die unübliche Gestalt gewinnen kann. Zeit des Lernens.

Vergänglich

Ich möchte nach oben gehen,
wo alles vergänglich ist.
Da möchte ich auch vergänglich sein.
– Waltraud

Das sagst du überraschend,
während du unten in meinem Arbeitszimmer
auf der braunen Couch liegst.
Ich möchte darauf antworten,
etwas hinzufügen, irgendwie reagieren,
aber was du gesagt hast,
ist vollkommen in sich.

Alt sein

Noch wehre ich mich, *alt* zu sein,
wende den Begriff nicht auf mich an.
Es ist für die, die vergessen haben,
dass die Seele kein Alter kennt.

Mir zuckt es in den Beinen,
weil ich im Bus aufstehen will,
auch wenn die Person, für die ich aufstehe,
sicherlich zehn Jahre jünger ist als ich.

Ich bin nicht mit meinem Alter mitgegangen,
habe mich freigemacht von den Zahlen
und den Bewegungen, die das Alter ausdrücken.
Ich habe mir ein Stück Ewigkeit als Beistand geholt.

Und doch häufen sich Landschaften,
die ich nicht mehr sehen werde,
und Worte, die ich nicht mehr hören werde.
Die alten Fragen sind durch neue ersetzt
und das Staunen wird durch anderes hervorgerufen.

Der Bogen meines Lebens, den ich mit beiden Armen
vorsichtig überlegend in die Luft zeichne,
wird größer, schließt mehr ein
und schmerzt in meinen Schultern.

Und doch ist alles gut auf eine draufgängerische Art,
mit der ich, wenn es irgendwie möglich ist,
auch sterben möchte. Aber nicht vor dir,
weil ich dich nicht alleinlassen will.

Zartheit

für Waltraud

Mit meiner Hand auf deiner,
so zart, dass du die Hand nur ahnst,
machen wir zusammen einen Schritt
über die Zerstörung hinaus,
lassen die Tränen hinter uns,
auch wenn die Zweifler
dieser Geste keinen Wert beimessen.

Aber ein Eisberg verzögerte
sein Abbrechen vom antarktischen Schelfeis um Wochen,
in Hongkong starb ein Vertreter der Freiheit
nicht an seinen Wunden,
das verlassene Kind fand Eltern, die in der Sonne wohnten,
und ein Schnitt, der tiefer ging als die Haut,
schloss sich spontan unter den Worten einer alten Frau,
die vom Geheimnis ihrer Worte nichts ahnte.

Ich erkenne,
dass ich eine ganze Welt
der Zartheit in mir trage.
Ich liefere mich ihr aus,
damit sie ihren Weg zu dir
und über dich hinaus in die Welt findet.

Massage

Er massiert sie, hat fast Angst, ihr dabei wehzutun, so dünn sind ihre Arme und Beine. Sie wiegt inzwischen nur noch 35 Kilo. Aber sie genießt jede Berührung, das Streichen der Muskeln, das Drücken und Wachrufen des Körpers. Er geht um den Massagetisch herum, als wolle er sie von allen Seiten schützen. Noch ein wenig Traubenkernöl, weil es so leicht ist, und weil so die Haut seiner Hände auf ihrer Haut besser gleitet. Er gibt sich in seine Hände, lässt diese sprechen. Sie hat die Augen geschlossen, hofft, dass er viel Ausdauer hat. Das Telefon im Wohnzimmer lässt er klingeln. Schon vor längerer Zeit hat er es aus dem Schlafzimmer entfernt, um Ruhe bei diesen Handlungen und bei ihren Gesprächen im Bett zu haben. Es hat sich als gut erwiesen.

Zum Schluss jeder Massage gibt er ihr einen Kuss auf das Brustbein. Dann weiß sie, dass die Massage zu Ende ist. Mit einem Tuch wischt er das lose Öl von ihrem Körper und hilft ihr vom Tisch. Sie ist wacklig. Er hält sie, stützt sie, sagt ihr, wohin sie die Füße setzen soll, führt sie zum Bett, wo sie sich weiter entspannen kann. Später, wenn sie wieder aufsteht, wird er sie duschen. Dann ist der Morgen um und der Tag kann beginnen. Hat schon längst begonnen.

Empfindsamkeit

Ihm geht auf, wie er sich in den letzten Jahrzehnten zur Empfindsamkeit erzogen hat. Im Schreiben und im Fotografieren. Viele seiner Bilder sind nur möglich geworden, weil er sein Empfinden für das Kleine, Sanfte, fast Unsichtbare geschult hat. Er hätte es sonst nicht in der Natur, in einem Stein, in einem Grashalm oder in einem abstrakten Muster gesehen. Und es wäre ihm auch in den verschwindend kleinen, feinen Regungen in einem Gesicht entgangen. Je älter er wurde, desto weiter baute er diese Fähigkeit aus. Im Schreiben tat er dasselbe. Die ihm zuerst eingefallenen Wörter reichten nicht aus, weil hinter ihnen das stand, um das es ging. Es hielt sich vorsichtig zurück und wartete darauf, entdeckt zu werden. Und er stellte die Wörter immer neu zueinander, bis sie miteinander zu reden begannen und ihm etwas sagten, was er nicht wusste, auch wenn er sie gerade geschrieben hatte. Darum ist jetzt seine Seele so oft nackt und verletzbar und ihre Demenz fällt tiefer in ihn hinein, als sie es vor zehn oder 20 Jahren getan hätte. Vielleicht muss es genau so sein, denkt er, damit ihr Zustand trotz der zeitweiligen Grausamkeit der Krankheit einen Platz zum Ruhen findet. Er weiß, dass er es sich durch diese Herzensbildung schwerer gemacht hat, mit ihrer Demenz umzugehen. Aber vielleicht ist mit dieser inneren Bildung auch eine größere Fähigkeit gewachsen, dieser Demenz zu begegnen, sodass die Relation zwischen Herausforderung und Fähigkeit gleich geblieben ist. Er hofft es. Eine echte Wahl, es anders zu machen, hat er jetzt nicht mehr. Ab einem gewissen Punkt ist das offene Herz nicht mehr zu schließen.

Zittern

1
Dieses Zittern,
weil du von Monat zu Monat
weniger wirst und ich
es nicht aufhalten kann,
wie noch nie im Leben,
ist wie ein Faustschlag
wie noch nie

2
Das Zittern zu erlauben,
es jetzt anzunehmen, nicht wegzusehen,
es mir auszumalen, wie es sein könnte,
gefolgt von dem stillen Gebet für
Ichweißnichtwas

3
Gerade in der Ausweglosigkeit
den Weg des Muts finden,
den Abgrund überqueren
und im Erinnern das sehen,
was davor war, leuchtend und hell

4
Alles,
damit die tragende Liebe wächst,
unabhängig von Gefühlen und Umständen,
himmelschaffend hier und jetzt

Ein anderer Tag

Da gingst du auf der Straße
und meine Hand hielt dich locker,
weil du deine Freiheit spüren wolltest.
Du gingst deiner Lieblingsbeschäftigung nach:
Tannenzapfen zu kicken. Dabei verlorst du die Balance,
ich konnte dich auf deinem Weg nach unten halten,
aber die letzten Zentimeter fielst du.
Du trafst den Asphalt mit deiner Hüfte und dem Schenkel.
Ich konnte dich aufheben, die 42 Kilo,
auf die du zusammengeschrumpft bist,
dich auf den Rollator setzen
und dich nach Hause schieben.

Später wurde festgestellt, dass deine Hüfte gebrochen war.
Jetzt ist die künstliche Hüfte eingesetzt.
Du hast deine ersten Delirien hinter dir
und heute konntest du schon lächeln.
Es war ein Fest für mich, wie so vieles in diesen Tagen.
Ich musste dich drücken, noch vor dem Füttern.

Jetzt schläfst du, während ich auf die Uhr schaue,
ob meine Parkuhr auf der Straße schon abgelaufen ist.
Gleich schleiche ich mich davon,
während du in deinem Schlaf zuckst.
Vorher lasse ich noch meine Liebe zu dir fließen,
indem ich deine leichte Hand nehme
und meine Finger an deinen entlanglaufen lasse.
Ich atme auf, weil du heute schon fast wieder
zurück bist unter den Lebenden.
Vorhin hast du gesagt, du möchtest noch ein wenig leben.

19. März 2020 19:00
St. Paul's Krankenhaus, Vancouver

Wie leicht ist es

Wie leicht ist es,
das Starke und Schöne zu loben,
zu hoffen, dass es ins eigene Leben überspringt.
Wie viel schwerer, das Heile
in dem Zerbrochenen zu spüren,
zu sehen, dass alles Risse in sich trägt,
und doch zu glauben, dass es ein anderes Maß gibt,
das wir nicht wahrnehmen in unserer Sehnsucht
nach dem Einklang von Geist und Körper,
von Innen- und Außenwelt.

Wie leicht ist es,
das Schöne und Starke als oberflächlicher zu sehen
als das Zerbrochene.
Wie schwer, zu wissen,
dass das eine im anderen lebt
und uns formt über unser Verstehen hinaus.

23. März 2020 9:45
St. Paul's Krankenhaus, Vancouver

Mit Gabi, einer guten Freundin in Deutschland

Im Krankenhaus

Es ist März 2020. Er besucht sie im Krankenhaus, wo sie wegen einer gebrochenen Hüfte operiert wurde. Jetzt hat sie eine künstliche Hüfte. Es ist Pandemie-Zeit und Türen und Aufzug-Knöpfe betätigt er mit dem Ellbogen in seiner Jacke.
Sie ist kaum ansprechbar, aber sie erkennt ihn. Er füttert sie und die Krankenschwester freut sich über ihren neu gefundenen Appetit und über seine Hilfe. Er gehört ab jetzt zum *essential personnel*. Darum darf er weiter kommen. Auch die Töchter kommen, Kira und Zilya. Er geht in der Betreuung seiner Frau auf und hält so die Angst, ihre und seine, vor den Zuständen und vor dem, was noch kommen mag, zurück. Er weiß, dass er es tut.
Er parkt viel zu lange auf der Burrard Street, bekommt aber keinen Strafzettel. Die Straßen sind fast leer – man soll zuhause bleiben. Die Verunsicherung ist zu spüren. Noch weiß man nicht genau, wie schwerwiegend Corona ist. Von den Lebenden hat niemand eine Pandemie erlebt. Die letzte liegt über 100 Jahre zurück.
Die Atmosphäre der Pandemie verbindet sich mit ihrem Krankenhausaufenthalt. Für ihn ist es – kaum beschreibbar und nicht festlegbar –, als ginge die Welt durch einen Schock. Er spürt die ungeheure Verletzbarkeit des Lebens. Es ist, als würde das Innere dem Äußeren, Harten ausgesetzt sein, als gäbe es keinen sicheren Ort. Vielleicht ist der sichere Ort immer nur eine Illusion, denkt er.

In der Pandemie

Es ist, als würde etwas den Atem anhalten
vor dem großen Atemanhalten

… als wäre es Zeit, zu überlegen,
die Gedankengebäude, die Systeme,
alles noch einmal gründlich zu durchdenken

… als wäre es wichtig,
die tausend Dinge und Menschen
in einem anderen Licht zu sehen

… als wäre ein Ende abzusehen
der leuchtenden, einladenden Sackgassen
einer ganzen Spezies

… als würden die Verirrungen
endlich ihren Tribut fordern
und versuchen, unseren Atem zu ersticken

oder uns einzuladen, die andere Stimme zu hören,
die bereit ist, die Welt
in eine andere Schwingung zu bringen

Es ist, als würde etwas den Atem anhalten,
um uns großzügig und von Hoffnung erfüllt
noch ein paar Züge reine Luft zu gönnen

22. März 2020 17:30
St. Paul's Krankenhaus, Vancouver

Was ich mir sage

Es gibt auch jetzt noch ein Refugium,
ein Auge in der Mitte des Sturms.
Immer wieder verlieren wir, was wir nicht brauchen.
Die Not befreit uns vom Ballast.
Wir werfen ab, was uns nicht trägt.
Wir begrüßen das neue Minimum.

Über dem Tod geht die Sonne auf.
Im berührbaren Leben blühen die ersten Kirschen.
Es ist der alte, neue Ablauf,
der uns begleitet und den wir nicht wahrhaben wollen.
In der Mitte unseres Lebens ist der Tod
und in der Mitte des Todes ist das Leben.
Es kann nicht anders sein
bei der Betrachtung der Welt.

In dem Chaos bildet sich, wenn wir es erlauben,
unser nacktes Herz, unser beflügeltes Wesen,
unsere glühende Liebe, die jedem Virus gewachsen ist.
Überleben ist nicht alles, ist wenig.
Die Liebe aber, Pfeiler der Welt, ist alles,
und es gibt keinen Ort auf der Welt,
an dem sie nicht zu üben ist.
Hast du das gehört, Ulrich!

Es gibt keinen Ort
auf der Welt,
an dem die Liebe
nicht zu üben ist.

Die Hand

Die Hand,
die Zauberhand,
die das Gebrochene zusammenfügt,
die verwegen in Hoffnung winkt,
die die Verwüstungen im Körper glattstreicht,
die in hilflosen Schnörkeln Schrift wird,
um die erdachte Botschaft auf Papier zu bringen,
die ein klares Glas Wasser hält,
die mit sanfter Berührung heilt,
die ein Bild mit unsagbarem Blau
und dem Rot des nachmittäglichen Glücks
in die Luft malt –
sie ist deine, ist meine,
weise und warm.

Sie schreibt, bis sie Wind wird,
vom Himmel und den Engeln,
die herabsteigen und uns suchen.
Die Hand, die keine Faust mehr sein will,
nie, auch wenn das Unglück hereinbricht,
deren Finger Instrumente sind
bei der letzten Feineinstellung
des Großen Feinmechanikers.

23. März 2020 10:30
St. Paul's Krankenhaus, Vancouver

Plötzlich fort

Heute war sie plötzlich fort. Er hatte versucht, sie nach einem langen Nachmittagsschlaf zu wecken, damit sie nicht den ganzen Tag schlief und dann nachts nicht länger schlafen konnte. Zehn Minuten versuchte er es. Aber sie wurde nicht wirklich wach, sie blieb wie verschollen in einer anderen Welt. Seine Anreden gingen ins Leere. Ihr Körper zuckte – die Hände, die Arme –, der Mund bewegte sich, aber nicht um zu sprechen. Er wollte wissen, wie es ihr ginge, aber sie konnte nicht antworten. Ihr Brustkorb hob sich und senkte sich wieder. Ihre Knie zuckten spastisch, ihr Gesicht war leer, auch als sie ihn ansah. Immer wieder fiel sie in sich zusammen, sodass er sie halten musste. Ohne ihn wäre sie von dem Hocker gefallen, auf den er sie gerade noch setzen konnte. Sie erkannte ihn nicht, vielleicht erkannte sie nichts mehr.

In solchen Momenten öffnen sich für ihn die Kammern der Angst, aus denen Unsicherheit und Unwissen herausfließen. Er erkennt seine Hilflosigkeit angesicht des Mysteriums der menschlichen Seele. Auch keine Form und kein Ausdruck der Liebe vermögen etwas zu tun.

Später erinnerte sie sich an nichts, während er das Erlebnis noch in seinen Knochen spürte. *Wovor habe ich Angst?*, fragte er sich. *Nicht vor ihrem Tod, den habe ich schon tausendmal gedacht. Nein, wohl aber vor dem Fremden und Unverstehbaren, das keinen Zugang zur Seele des geliebten Menschen zulässt.* Dann übt er, alles so anzunehmen. Er zieht sich darauf zurück, dass er sein Bestes versucht hat. Er nennt es *den Gang der Dinge,* ist sich aber noch immer nicht so sicher, ob es nicht doch noch einen anderen Weg gibt. Dann sagt er: *Es ist der Gang meiner Dinge, mit meinen Begrenzungen.* Jetzt stimmt es. Vorläufig.

In der Not

In der Not wohnen wie in einem Haus,
das man gestaltet und schmückt.

In der Not schreiben,
weil die Fantasie der Not mit Worten entgegentritt.

In der Not schwimmen,
um mit Zehenspitzen nach dem Boden zu tasten.

In der Not feiern in dem Wissen,
herausgefordert zu sein, dieses Leben zu bestehen.

In der Not tanzen, als wüsste man längst,
dass die Not mit uns tanzen will.

In der Not malen,
weil die Not wünscht,
ein Gesicht zu haben und erkannt zu werden.

In der Not singen,
was die Seele längst ausdrücken wollte,
aber im Glück nicht konnte.

In der Not erkennen,
dass Leid unausweichlich zum Leben dazugehört,
um weise zu werden.

In der Not begreifen, dass wir ohne Not nicht reifen
und nur an der Oberfläche schwimmen.

In der Not lächeln,
weil auch die Not ungeahntes Glück in sich birgt
und alles vorübergeht.

Der Kirschbaum

Ich verbringe eine halbe Stunde mit meinen Tränen,
ausgelöst von deinem Zustand.
Heute war es, als wenn ein Licht ausgeht,
und ich dachte an dich vor zehn und 20 Jahren,
an deine stille Lebendigkeit,
deine Leidenschaft im Nachdenken.

Aber dein Licht geht noch nicht aus.
Es ist auf Sparflamme,
mit der du andere Landschaften ausleuchtest.
Auch ist der Ursprung meiner Tränen zweifelhaft,
als meinte ich, ein Recht
auf deine Aufmerksamkeit zu haben.

Vielleicht wehrt sich in mir etwas
gegen eine Reifung, die ich anders erreichen will,
als durch Tränen zu gehen.

Auf dem Weg zum Krankenhaus
sah ich den ersten Kirschbaum in diesem Jahr blühen.

16. März 2020 11:05
im Krankenhaus von Sechelt

Trauern
ist schwere Arbeit,
aber es sollte kein Beruf werden.

MAID

Es ist sechs Wochen nach ihrem Sturz und dem Einsetzen der künstlichen Hüfte. Sie interessiert sich für MAID – *Medical Assistance in Dying.* Ärztliche Sterbehilfe. Eine junge Ärztin in der Blüte ihres Lebens ist diesbezüglich zuständig für alle Interviews an der Sunshine Coast, wo sie und er leben. Es soll herausgefunden werden, ob die Person, die diese Hilfe wünscht, es gut überlegt und es nicht in einer depressiven Phase beantragt hat. Er fragt sich, ob diese junge Ärztin sich eindenken kann in die Lage einer 83-jährigen Frau, die über ihre Lebensqualität nachdenkt. Es ist ein gutes Interview, aber sie hat heute mit dem Denken und Reden Schwierigkeiten. Es ist einer von diesen Tagen. Irgendwann kommt dann die entscheidende Frage der Ärztin. *Warum wollen Sie sterben?* Sie kann es nicht erklären. Sie sagt, darüber müsse sie noch nachdenken. Er weiß, dass sie darüber schon seit Jahren nachgedacht hat und dass sie jetzt ein falsches Bild von sich abgibt. Die Ärztin sagt vermittelnd, dass ihre Antwort nicht für eine Weiterführung reichen würde, aber sie könnten später noch einmal daüber sprechen.

Er spürt, dass sie mit ihren ungenauen, hilflosen Antworten Abstand nimmt von dieser Option. Vielleicht hat sie sich selbst überlistet und etwas vergessen, was sie unbewusst vergessen wollte. Er ist froh darüber. Er hat es sich oft vorgestellt, wie es ihm dabei gegangen wäre, sie beim freiwilligen Sterbegang zu begleiten. Es wäre unendlich schwer gewesen, weil es noch so viele erfüllte Momente mit ihr gibt und voraussichtlich geben wird. Auch Momente, die ihn an früher erinnern, Momente des Glücks und der Nähe, wenn jetzt auch auf dieser dunklen Folie der Demenz.

Vor vier Jahren hatten sie diese Möglichkeit schon einmal in Betracht gezogen, und es hatte ihn in einen Zustand versetzt, wie er ihn noch nie in seinem Leben erlebt hatte. Er konnte nicht schlafen, verlor in kurzer Zeit zehn Kilo, musste mit Panik kämpfen. Er konnte noch nicht einmal darüber schreiben, so sehr erlebte er diese Betroffenheit. Dabei war es nicht so sehr der Verlust seiner Frau, sondern die Beihilfe, die er unter Umständen leisten sollte, in der Beschaffung eines Mittels etwa, wenn es ihr noch relativ gut ging. Er konnte es sich nicht vorstellen, zu helfen. Die Zeit ging vorbei und sie nahmen damals zum ersten Mal Abstand von dieser Überlegung. Und heute kommen sie zu einem ähnlichen Schluss. Sie sind ruhig und vertrauen sich dem Fortschreiten ihres Zustands an. Sie sind bereit für die Herausforderungen jedes Tages.

Erkennen

Ich sitze an deinem Bett
und du bist nicht ganz sicher, wer ich bin.
Ich vertraue darauf, dass du mich unter den Menschen
in deinem Kopf erkennen wirst.
Und wenn es dir nicht gelingt,
dann weiß ich trotzdem, dass ich in dir bin,
so wie du in mir, in den weiten Landschaften,
die wir voneinander kennen.
Wir haben über 50 Jahre
Sanftmut und Härte,
Reden und Schweigen,
Nähe und Abstand geübt,
weil alles daran hing.
Dein Zustand,
die gebrochene und ersetzte Hüfte,
wird daran nichts verändern.

Leid?

Er weckt sie zum Essen und sieht ihr in die Augen, als sie diese aufschlägt. Er tut das fast immer, um festzustellen, wo sie sich innerlich befindet, wie es ihr geht, was sie bewegt, oder ob sie noch in ihrer Lewy-Body-Welt gefangen ist. Diesmal sind die Augen klar und nicht weit weg, wie sonst öfter. Er sieht ihr Leid, aber es ist ein fast unbewusstes Leid. Er wird sie später fragen, wie es ihr geht, und sie wird sagen, dass es ihr gut geht. Es ist keine Erkenntnis ihres Zustandes und von dem damit verbundenem Leid, sondern es ist ein Ausharren in ihren Begrenzungen. Durch ihre reduzierten Fähigkeiten konfrontiert das Leben sie immer wieder neu mit ihrem Zustand. Es ist ein Wahrnehmen des Leides im Leben. Fast wie bei einem Kind, das das Leid noch nicht einordnen kann, es aber doch schon erlebt und tragen muss.

Er spürt dieses Leid auch an sich. Nur eben mit dem Überblick über das, was gerade geschieht, oder dem vermeintlichen Überblick. Sie hat schon manchmal zu ihm gesagt: *Es ist schwerer für dich als für mich.* Er hat sich immer ein wenig dagegen gewehrt, aber manchmal kann er sehen, dass etwas daran stimmen könnte.

Und dann kommen Tage, da ist sie sich ihrer Begrenzungen bewusst, da kann sie vergleichen zwischen dem, was sie einmal konnte, und dem, was sie jetzt nicht mehr kann. Das sind dann Tränentage. Auch er spürt den Verlust dann noch deutlicher und stellt sich vor, wie es ihm gehen würde, wenn er seine geistigen Fähigkeiten verlieren würde, hat er doch fast sein ganzes Leben davon gelebt, ganz zu schweigen von dem Glück, die diese ihm gebracht haben.

Um ihrem Verlust nicht hilflos ausgeliefert zu sein, stürzt er sich in die täglichen Pflichten und meidet den Überblick, konzentriert sich nicht auf die Diskrepanz, die manchmal erschreckend deutlich wird.

Mein virusfreies Herz

Die Welt wird etwas sanfter,
die Härte der Hektik tritt zurück.
Es gibt wieder Augen,
in die man schauen kann.
Eine Stimme, wenn auch mit Abstand,
macht Mut mit ihrer Weichheit.
Die Zeit scheint sich einzuholen,
es gelingt uns, in der Gegenwart zu leben.

Was uns angreift, rettet uns auch.
Immer verläuft das Leben zweispurig.
Die Kür darf sich wieder zeigen.
Sie wird nicht länger der Pflicht geopfert.
Es ist wieder Zeit zu leben,
auch gerade wenn die Toten gezählt werden,
wie in diesen Coronatagen.

Ich fass dich ins Auge,
die Hände lass ich von dir.
Ich lade dich ein in mein virusfreies Herz,
da kannst du ewig leben
und ewig ist jetzt.
Und nebenbei schleicht sich
der unvergessliche Frühling ein,
in dem der Angreifer uns rettet.

Zu sehen

Woher könnten die Augen die Kraft nehmen,
um die Bilder auszuhalten,
denen sich die Seele verweigert,
weil sie sie nicht erträgt?
Wann würden sie als Selbstschutz
wegsehen oder erblinden?

Oder gibt es eine Energiequelle,
die sich dem auftut, der sich jenseits der Hoffnung
wortlos auf das Vertrauen wirft,
das ihn vor langer Zeit auf diese Erde geworfen hat?
Wie ein Zurückfinden zu dem,
mit dem alles begonnen hat.

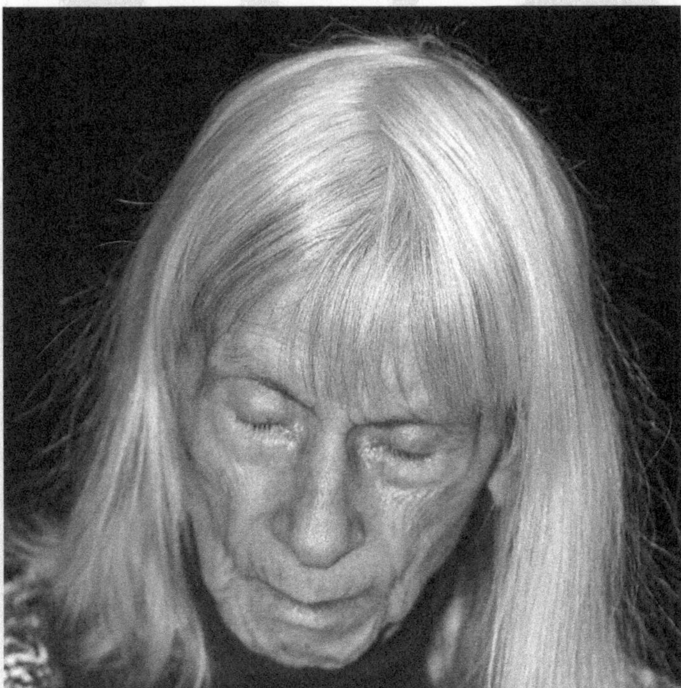

Dein Leben ist nicht meins

Heute ging mir wieder auf,
dass dein Leben nicht meins ist,
so nahe wir uns durch die Verästelungen
deiner Krankheit auch kommen.

Ich röchele nicht in deinem Atem
und den Schmerz deiner gebrochenen Hüfte
kann ich denken, ohne ihn zu fühlen.
Es sind immer Welten, die uns trennen,
auch wenn wir manchmal ein Herz und eine Seele sind.
Wir ahnen die Trennung.
Sie macht etwas mit uns.
Ich übe es, zu bestimmen, was sie macht.

16. März 2020 13:00
im Krankenhaus von Sechelt

Die wiederkehrende Frage

Nach einer schwierigen Situation beim Essen gibt er nach und sie sagt: *Ich bekomme immer alles, was ich will.* Er weiß, was sie meint, und lacht. Dann schweigen beide.
Es ist die immer häufiger auftretende Situation, wo er etwas gegen seinen Willen und gegen das, was in der Situation besser wäre, handeln muss, um ihr nicht das Gefühl zu geben, sie zu entmündigen. Er wägt es ab, will kein Diktator sein, und weiß doch, dass seine Lösung besser sein würde als ihre – besonders wenn sie Gefahr läuft, wieder zu fallen. *Was ist wichtiger?*, fragt er sich dann. Ist es besser, sie sicher zu halten (gestern ist sie wieder gefallen und hat sich die Nase aufgeschlagen) und jede Gefahr schon im Voraus zu vermeiden, oder ist es wichtiger, dass sie sich noch frei fühlt, so zu handeln wie sie möchte? Er muss es zehn- oder 20-mal am Tag entscheiden. Es wird nicht einfacher.
Er erinnert sich noch an einen ihrer ersten Stürze. Sie war in der Küche über die offene Tür des Geschirrspülers gefallen. Der Kopf schlug hart auf. Drei Zähne lagen neben ihr, Blut. Der große Schreck. Er nahm sie auf, hielt sie. Sekunden vorher hatte er ihr gesagt: *Ich räume den Geschirrspüler aus.* Es geschah alles so schnell. Das steckt ihm noch in den Knochen.

Nur da sein

Immer wieder habe ich mit Denken Probleme gelöst.
Es gehörte zur Freude meines Lebens, das tun zu können.
Diese Haltung ist immer noch da,
aber jetzt ist sie manchmal ohne Erfolg.
Ich bin aufgefordert, anzunehmen, was ist,
Unabänderliches zu akzeptieren,
nichts tun zu können. Es ist Neuland.
Etwas stimmt nicht und doch stimmt alles.
Ein Schiff sinkt und man ist verdammt,
aus der Entfernung zuzuschauen.
Das Denken wird untätig, zieht sich zurück,
um nicht immer gegen Wände zu laufen.

So wenig tun zu können wird zur Gefahr,
die Zartheit der Empfindungen zu zerstören.
Aber vielleicht wird dadurch auch alles vertieft
und bekommt eine Dimension voller Leid und Glück,
noch da zu sein für dich.
Nichts weiter als nur da zu sein,
in dem täglichen Werk des Lebendigbleibens
und des Sinnzuteilens.

Als zerspringe etwas
für Waltraud
geschrieben zu einem Teil des Benedictus
von Karl Jenkins, gespielt von der Gruppe *2Cellos*

Manchmal ist die Trauer eine große Decke,
die alles bedeckt, auch das Glück.
Ich wehre mich nicht mehr, lasse mich mitnehmen
und erkenne in ihr die Bewegung meines Herzens,
die allem zugrunde liegt.

Mein ganzes Wesen geht zu dir,
erkennt dein Wesen in seiner Begrenzung,
die größer als meine Begrenzung geworden ist.
Auch wenn dabei manche Momente
nicht zu ertragen sind, als zerspringe etwas
weit innen in mir, dort, wohin ich nicht reiche,
wo ich jenseits aller Verletzbarkeit verletzbar bin
und sich Tod und Leben schmerzhaft die Waage halten.

Wenn ich mutig bin, kann ich denken,
dass deine Krankheit die Krankheit an mir ist.
Hätte die Liebe dich retten können,
wenn sie groß genug gewesen wäre?
Es trifft mich wie die Celli, die etwas in mir freilegen.
Ich bin immer wieder nicht der, der ich hoffte zu sein.

Doch hebe ich dich hoch,
meine Gedanken tragen dich einen Moment,
ich berühre dich mit meiner gesammelten Sanftmut,
aber die Trauer weicht nicht.
Vielleicht ist sie die Taufe zu unserem neuen Leben hin.

Die Trauer ist nicht mein Feind, sie ist ein großes dunkles Land,
in dem ich gewohnt bin unterwegs zu sein.
Sie ist die zitternde Tränensprache,
mit der ich mit mir spreche.

Wiegen

Sie möchte sich wiegen. Er zieht die Waage aus der Ecke des Bades hervor, hält die Waage und sie fest, lässt dann ihren Körper einen Augenblick lang los, um das genaue Gewicht ablesen zu können. Sie könnte nicht länger alleine stehen, sie würde umfallen und sich wehtun. 35 Kilogramm. Vor ein paar Tagen hatte er ihren letzten Führerschein in der Hand. Auf dem war vermerkt, dass sie 56 Kilo wog. Wenn er sie massiert oder duscht, sieht er ihren dünnen Körper. Er erinnert ihn an die Überlebenden von Auschwitz. Er wehrt sich gegen den Gedanken. Ihre Ärztin ist nur begrenzt alarmiert, sie dürfe aber nicht weiter abnehmen. Ihr Gewicht hält sich und sie isst gerne und gute Portionen. Er weiß jedoch, dass er aufpassen muss, dass er ihr nichts bricht, wenn er zum Beispiel schnell zupackt, wenn sie fällt, auch gerade mit ihrer Osteoporose.

Vor dem Kleiderschrank

Am Morgen schlage ich dir vor, was du heute tragen könntest,
je nachdem, ob es ein Regen- oder Sonnentag ist.
Heute vielleicht den orangen Rollkragenpulli,
zusammen mit den Leggings mit orangefarbenen Schlieren.

Erinnerungen hängen im Kleiderschrank,
aber manches wirst du nie wieder tragen.
Du bist manchen Farben und Formen davongeeilt.
Die meisten Blusen, Kleider, Pullover und Hosen
wirken verlassen.
Sie werden deinen Körper nicht mehr liebkosen.
In deiner Zerbrechlichkeit ist dir fast alles zu groß.

Du wanderst aus dem Leben aus,
aber dein Körper ist noch hier.
Ich bedecke ihn so gut ich kann mit meiner Liebe.

Ich habe heute die ganze Welt gehört

Ich habe heute die ganze Welt gehört
und die andere Welt war auch da.
Es ist alles eins.
– Waltraud,
herübergerettet aus einem ihrer Träume

Wir leben am Rand zum Erkennen.
Manchmal fallen wir in ein Wissen,
das so anders ist als unseres,
dass wir es nicht ergründen können,
während es im selben Moment
unser Leben trägt wie ein Flügel.

Wer will sagen, wo wir hingehören
mit unserer schmerzhaften Vorläufigkeit,
mit unseren Gedankenlumpen,
mit einer Wohnung, die wir nur mieten können,
mit unserer weltweiten Sprachverwirrung
und mit unserem Glauben, der versucht,
kein Aberglaube zu werden?

Auch in der Finsternis ist die ganze Welt
noch in unserer Stimme anwesend.
Wir dürfen sie erheben und von Träumen reden,
in denen alles zueinandergefunden hat.
Auch wenn wir sterben, sind wir noch blutjung
in unserem Erkennen und unserer Weitsicht.
Die Erde aber ist alt.

Kleine Freuden

Selten in seinem Leben hat er so viele *kleine* Freuden erlebt. Gewisse Tätigkeiten erfüllen ihn. Er deckt sie zu, wenn sie ohne Decke auf der Couch im Wohnzimmer eingeschlafen ist. Er leitet sie in ihren Geh-Runden durch den Eingang, das Wohnzimmer und die Küche. Mit jeder Runde wächst das Glück, dass sie wenigstens ein paar Schritte gehen kann. Er überrascht sie mit einem Stück Schokolade mit Chili. Er schlägt vor, die Kinder anzurufen, und sie ist glücklich. Er hat einen guten Film auf Netflix gefunden und bietet ihn ihr an. Er erklärt ihr, was gerade in der amerikanischen Regierung geschieht oder politisch in Deutschland. Er zeigt ihr neue Bilder von Freunden aus Übersee oder liest ihr aus deren Briefen vor. Er kündigt ihr an, dass morgen wieder ein Treffen der Zoom-Gruppe in Deutschland ist. Er berührt sie im Vorbeigehen. Er überrascht sie mit etwas, was er gekocht hat. Sie schauen zusammen ein „Nachtcafé" an. Sie mögen beide die vorsichtige Art des Moderators.

Ihrer beider Welt ist kleiner geworden, aber dadurch dichter. Gedichte. Er schreibt Gedichte. Es bedarf keiner großen Gesten mehr, um sie beide glücklich zu machen. Die kleinen Handlungen enthalten genauso sehr das Ganze, vielleicht sogar mehr als die großen.

Noch einmal richtig leben
für Waltraud

Wenn ich doch noch einmal richtig leben könnte,
sagst du heute, kurz vor deinem 83. Geburtstag,
an einem Tag, an dem du wegen deiner Demenz
nicht richtig denken konntest
und auch die Sprache sich nicht mehr gebrauchen ließ.
Mit aufsteigenden Tränen denke ich an die Begeisterung,
mit der du früher dachtest und dachtest,
bis spät in die Nacht mit mir und mit allen,
die mitmachen wollten.

Du schrumpfst vor meinen Augen,
aber vielleicht ist es nur meine Kurzsichtigkeit,
und du weitest dich in eine andere Dimension hinein,
in die ich dir nicht folgen kann.

Und doch gehst du mir hier verloren.
Ich sehe deine Trauer, deine hilflosen Augen,
mit denen du mich anschaust. Geht das Feuer in dir aus?
Aber wer bin ich, dich halten zu wollen,
wer bin ich, deinen Weg zu wissen,
wenn ich auch an meinem täglich herumrätsle?

In einigen Wochen werden es 56 Jahre sein,
die wir geredet und geschwiegen haben.
In unsere Körper übergegangen sind die Wege,
die unsere Worte zurückgelegt haben.
An unseren Haaren ist es zu sehen.

Fallen

Sie fällt fünfmal in einer Woche, ohne sich etwas zu brechen. Er redet auf sie ein, dass sie ihn rufen soll, wenn sie etwas braucht oder ein paar Schritte gehen will. Sie empfindet sein Reden als Schimpfen. Er hat es nicht so gemeint, auch wenn es sich so angehört haben mag. Aber sein Ton war intensiv, als könne er sie mit seinem Ton überzeugen, sich an die „Regeln" zu halten. Aber für sie hat es sich anders angehört. Der Streit passt nicht zu ihrem Zustand. Ein Ausdruck der Hilflosigkeit von beiden. Es ist die Not, alte Kriterien auf neue Zustände anzuwenden. Er sorgt sich um sie und ist hilflos, wenn sie Fisimatenten macht – ein Wort, das er aus seiner Kindheit mitgebracht hat. Sein Vater gebrauchte es, wenn sie als Kinder „Unfug" anstellten. Aber sie versucht intuitiv ihre innere Eigenständigkeit zu erhalten und muss darum die Fisimatenten wagen. Es muss immer neu ausgehandelt werden, auch wenn sie es bis zum nächsten Mal vergisst.

Wenn er wieder allein ist nach einem solchen Austausch, schämt er sich. Er findet sich kleinkariert, weiß aber nicht, wie er es sonst anstellen soll, sie sicher zu halten. Er stellt sich vor, wie sie sich die andere Hüfte auch bricht und sie wieder ins Krankenhaus muss – zu Corona-Zeiten. Immer wieder die Hilflosigkeit. Sie sagt, sie würde nicht ins Krankenhaus gehen, sich nicht operieren lassen. Er antwortet, dass kein Arzt sie mit einer gebrochenen Hüfte gehen lassen würde.

Ein Wunder

Lange konnte er es denken, dass ein Wunder möglich sein könnte. Er wollte es nicht ausschließen, wollte dem Mysterium eine Chance geben. Immerhin gibt es spontane Heilungen. Aber ihr Zustand verschlechterte sich. So nahm er den Zustand immer mehr an – manchmal wollte er es nicht Krankheit nennen –, es war ihr Alter. Er öffnete sich ihrem Alter und somit auch seinem. Die sechs Jahre, die sie älter ist als er, machten nie einen großen Unterschied. Jetzt tun sich Schätze des Annehmens auf. Einsichten, die sonst nicht zu gewinnen sind, und er ahnt, dass das Alter selbst trotz seiner Verluste und seiner Gebrechlichkeit eine Chance ist, auch wenn er manchmal nicht genau weiß wofür. Er hält sich offen. Es geht ihm auf: *Das ist das Wunder, wenn ich offen bleiben kann.* Alles ist möglich. Alles ist Potentialität. Darin liegt die Freiheit. Aber der Glaube an ein Wunder wird kleiner. Er weiß, dass es so richtig ist.

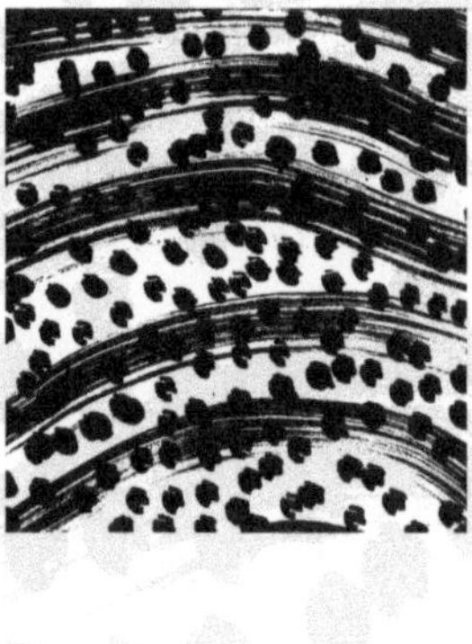

Du wirst irgendwann aufbrechen

Es kann sein,
dass du irgendwann vor mir aufbrechen wirst
und ich werde dir nicht folgen können.
Wir werden auseinanderklaffen wie eine große Wunde.
Ich werde dich vermissen,
aber du wirst so beschäftigt sein,
zeitlos und ewig zu sein,
dass du dich vielleicht nicht mehr
an mich erinnern wirst.
Was wird das für eine Zeit sein?
Was wird das für eine Zeit sein!

Die Welle

… und dann kommt wieder die Welle meiner Zuneigung,
der Empathie, des Sorgetragens,
des Wissens und des Unwissens,
der Verantwortung für dich,
während du neben mir auf dem Rollstuhl sitzt
und dein Frühstück mit linkischen Bewegungen löffelst.

Noch immer überrascht es mich –
diese Nähe, dieses Trotzdem, diese Hingabe,
als würde die Zuwendung von anderswo gespeist.

Zwei Menschen – eingespannt
in das Mysterium des Lebens,
das sie nur teilweise verstehen
und das sie doch versuchen zu meistern.
Das sind wir.

Ein Engel an deiner Seite

Wenn ich dich mit meinen Worten,
mit meinen Blicken und Berührungen nicht erreiche,
fühle ich mich wie amputiert.
Das in mir, womit ich Kontakt zu dir aufnehmen will,
wirkt nicht in deiner Welt.
Es ist, als fehle mir ein Organ,
mit dem ich in deine Verlorenheit vordringen kann.
Aber ich besitze den Ansatz zu dem Organ.
Es ist meine Wachsamkeit.
Ich werde noch genauer hinhören, hinsehen.
Ich werde versuchen, deine Tagesseele zu erahnen,
deinen Momentgeist zu erspüren.
Vielleicht wird deine Anderweltlichkeit,
deine Not und deine Bedürftigkeit
mich mit besonderen Einsichten begaben.
Ich würde gern ganz schlicht
ein Engel an deiner Seite sein.

Der Tod

Der Tod hat eine schillernde Rolle in ihrem Leben zu zweit. Mal freut sie sich auf ihn als eine Art Erlösung und dann wieder will sie noch leben, will sehen, wie sich hier auf der Erde alles entwickelt. Er fühlt sich meistens in ihren Wunsch ein und will für sie, was sie für sich will. Dabei wollen beide nicht das langsame Zerfallen und Absteigen in einen Raum, in dem die Person, die beide kannten, nicht mehr zu finden ist. Aber den Tod wollen sie auch noch nicht.
Er ist sich bewusst, wie dieses Drama überall auf der Welt millionenmal geschieht. Menschen versuchen, sich zwischen Leben und Tod zurechtzufinden. Auch das ist eine hohe Kunst, die am Ende jedem Menschen abverlangt wird. Oft fragt er sich, ob er sie lernen wird.

Die Demenz

Die Demenz ist mächtig in den Menschen,
die sie manchmal tragen, als wäre sie nicht schwer,
und in denen, die immer neu versuchen,
die Kranken schöpferisch zu betreuen,
und sich dabei aufopfern.

Sie kann die Liebe verändern, ihr die Kraft nehmen,
sie kleinlich werden lassen.
Sie kann aushöhlen, was ein Leben lang gelernt wurde.
Aber sie kann auch die Sanftmut anregen,
die Berührung der Seelen,
die Überwindung alter, leerer Wörter,
die hier nichts mehr gelten.

Sie ist fähig, uns zu Boden zu werfen,
damit wir das Leben noch einmal von vorne beginnen,
diesmal am ausgestreckten Arm der Fremdheit.
Und sie ist fähig, die Liebe neu blühen zu lassen
jenseits aller alten Inhalte und Formen.

So ist sie das furchtbare Geschenk,
die fast nicht zu bewältigende Herausforderung,
das Mysterium, für das wir
eine neurologische Erklärung haben mögen,
die aber nicht ausreicht.
Die Demenz braucht unser schmerzendes Herz
in der Begegnung und Liebe,
ganz gleich, was erwidert werden kann.
Dann haben wir getan, was nötig ist.

Ich sehe mich nach Hilfe um

Manchmal meine ich,
einen schweren, bedrohlichen Traum zu träumen,
wenn ich daran denke,
dass deine Demenz zunehmen kann, bis nichts mehr geht
und du so viel weniger bist, als du einmal warst.
Dann wache ich auf und weiß, dass es kein Traum ist
und es so kommen kann.
Ich spüre die Heftigkeit und Trostlosigkeit,
zu der das führen kann.
Ich sehe mich nach Hilfe um,
aber es gibt bei dieser Krankheit keine.
Ich spreche den *Healing Code* mit mehr Leidenschaft,
in der Hoffnung, dass es hilft,
aber am Ende stehe ich vor der Ausweglosigkeit,
mit der ich lernen muss umzugehen.
Ist auch das eine Berufung?

Es ist meine Herausforderung.
Als ich heute an deinem Bett stehend davon sprach,
dass es mir manchmal das Herz bricht,
schwiegst du und ich auch.
Das Schicksal ist schwer und unsere Unfähigkeit groß.
Daran können wir wachsen.

An unserer Unfähigkeit
können wir wachsen,
wenn wir wollen,
oder
wir können
das Leben
für unser Schicksal
anklagen.

Ohne festes Bild

Wie leicht ist es, der Wahrheit auszuweichen,
in die kleinen unscheinbaren Lügen zu fliehen,
indem wir schwarz-weiß sehen.
Immer ist die Wahrheit bunt, schillernd, verwegen,
und deine und meine Geschichten
sind nie, nie ganz zu verstehen.
Im Erleben sind sie wahr für den Erlebenden.

Nimm mich mit in dein Eisleben,
dein Innigkeitstrauma, deinen Wagemonat,
in die Verhängnisnacht, für die es keine Worte gibt,
in dein Liebeskentern im Wellenwirbel,
in das Sternstürzen, von dem du dich noch immer erholst.
Lass mich mit dir tauchen,
wo die Welt nur noch schwarz vor Tiefe ist,
lass mich den Raum betreten, der unbetretbar schien,
lass mich allein – deiner Welt überlassen –
in der geteilten Not, dem unerklärlichen Glück,

und offenbare dich mir ohne die Zurückhaltung,
in der wir verhungern und verdursten.
Nie sind wir der Wahrheit näher
als durch die Berührung der Seelen
ohne Falsch und ohne festes Bild.

mit Liz, einer guten Freundin in Gibsons

Inkontinenz. Er hat davor Angst gehabt bei ihr. Freunde haben ihm gesagt, dass dann der Zeitpunkt gekommen sei, jemand anderem die Pflege zu übergeben. Sie haben gemeint, dass es dann einen Konflikt gebe zwischen den Emotionen und Gefühlen, mit denen man sich kennengelernt hat, auch als Geliebte, einerseits und den ganz alltäglichen Pflichten andererseits. Die Romantik begegne der täglichen Reinlichkeit, der Zuwendung zur körperlichen Bedürftigkeit. Es sei zu viel alltägliche Wirklichkeit. Die Beziehung werde daran zerbrechen oder zumindest leiden.
Er hatte sich alles angehört und immer gedacht, *wir werden sehen.* Heute hat er ihre Windeln dreimal gewechselt. Es geht. Er erkennt auch darin eine Form der Liebe. Es ist jetzt das Privateste im Leben der beiden. Er will es nicht ausklammern. Er denkt an sich, als er Abiturient war, über den im Jahrbuch der Abgangsklasse stand: *It´s all in the mind.* Das muss er als 18-Jähriger wohl oft gesagt haben. Er lächelt, als er daran denkt. Ja, *it´s all in the mind, es ist alles im Denken, im Kopf.* Es geht um die Einstellung. Auch beim Windelnwechseln.
Es ist nicht das Intimste in ihrer Beziehung, das ist immer noch die Liebe zueinander, auch wenn sie manchmal nach dem passenden Ausdruck sucht. *Es ist schön, dass wir so miteinander sein können,* sagte sie unlängst, und meinte die innere Zuwendung, den Austausch über das, was sie beide bewegt. Er sieht es auch so und ist bereit, Neues zu lernen über das hinaus, was er kennt.

Wenn Reife verlangt wird

Ich suche nach neuen Wegen,
dir nahe zu sein, dich zu tragen,
wenn du nicht mehr gehen kannst,
dich zu versorgen, wo du es brauchst,
es nicht zu tun, wo du es nicht brauchst.

Ich will meine Hoffnung
auf eine Lösung deines Zustandes –
ich sage bewusst nicht deiner *Krankheit* –
loslassen, wie man eine alte Erkenntnis loslässt,
weil die Umstände anders sind, als sie je waren.

Ich suche nach Wegen, so bei dir zu sein,
dass du dich geliebt fühlst,
dass der Moment, dein Moment, von Sinn erfüllt ist,
dass du dir keine Sorgen zu machen brauchst
über das, was dir nicht mehr gelingt.

Es mag weniger sein als früher, aber ich weiß,
dass es auf einer anderen Ebene mehr ist
und eine Reife von mir verlangt,
in die ich hineinwachse wie nie zuvor.
Ich danke dir.

Höre nicht auf, mit mir zu reden

Ich wünsche mir von dir,
dass du mir immer weiter sagst,
wie es dir geht, was du fühlst,
wovor du Angst hast.

Ich will dir so nahe sein,
dass du lächeln kannst, wenn du mich siehst.
Ich werde dich so pflegen, als tätest du es selbst.
Ich will mein Leben so mit deinem teilen,
dass du spürst, wie sehr du noch lebst.

Ich wünsche, dass du in meiner Nähe
keine Angst vor dem Sterben hast,
weil ich übe, den Tod als Teil des Lebens zu sehen.
Du darfst dich freuen,
und wenn keine eigene Freude in dir erwacht,
darfst du dich an meine Freude anhängen.
Ich wünsche dir, dass du dich ab und zu
daran erinnerst, was du Schönes erlebt hast.
Ich lese dir aus unserem gemeinsamen Tagebuch vor:
Du hast deinen Teil selbst
vor 28 Jahren geschrieben,
hast intensiv erlebt, was du aufgezeichnet hast.
So können wir zusammen Ausflüge
in unsere gemeinsame Vergangenheit machen.
Mein Leben will versuchen, dein Leben zu tragen.
Es soll dir gerade in der Schwere leicht sein.

Für Waltraud

Mach dir keine Sorgen,
dass du dich zur Unkenntlichkeit veränderst.
Du bist immer noch die, die du warst.
Wir erlauben keiner deiner Tätigkeiten,
ein permanent neues Bild von dir zu zeichnen.

Du musst dich nicht an das erinnern,
was du vergisst.
Was du nicht mehr denken kannst,
muss nicht von dir gedacht werden.
Lass die Köpfe anderer
die Probleme der Welt lösen.
Die Grenzen, die du jetzt übertrittst,
sind die Grenzen anderer.
Bleib in deiner Haut.
Wir werden dich immer erkennen.

Immer wieder
begegne ich mir,
wie ich nicht sein will,
ausgelöst durch die Weisheit
deiner Krankheit.

Wie ein Liebesbrief

Zeit, auszuruhen vom Leben selbst,
von deinem Weg der Selbstfindung.
Ausruhen von deinen erreichten
und unerreichten Träumen,
nichts mehr leisten müssen.
Der Stille nachgehen,
als wäre sie immer dein Ursprung gewesen.

Alles vergessen dürfen wie einen Regentag.
Offen und leer sein für eine neue Erfüllung.
Das Licht durch die Haut spüren.
Die Bedeutung deines Weges
wie einen Liebesbrief lesen
von einem Absender,
der in deinem Herzen wohnt.

Rückblick

In der kleinen Gruppe, der sie angehören, in der Menschen über den Ozean und einen Kontinent hinweg verbunden sind und in der sich alle einmal vorstellen müssen, sind sie jetzt dran. In dem Zusammenhang stoßen sie auf ihre Korrespondenz, die sie aufgehoben haben. Sie haben sie sogar gebunden. Die meisten Briefe sind von ganz früher, als sie sich kennenlernten. Sie haben die Briefe damals illustriert, haben Stoffe auf die Seiten geklebt, Ölmalereien auf das Papier gebracht. Einen Brief hat er mit einem Pinsel geschrieben – er war 50 Seiten lang. Sie empfinden beide, dass das Leben ungeheuer schnell vorbeigegangen ist. Gerade auch ihre Erinnerung an diese Zeit ist noch sehr gut, besser als an das, was gestern war. Manches weiß sie noch besser als er. Ein Hauch von Wehmut ergreift sie beide, vielleicht ist es auch mehr als ein Hauch. Eben war alles noch vor ihnen und jetzt sehen sie das meiste schon im Rückspiegel. Manches hätte man anders machen können. Und doch tut es ihnen nicht leid, wie ihr Leben gelaufen ist. So wird es auch möglich sein, mit ihrer Demenz umzugehen. Sie sprechen sich Mut zu. Geweint haben sie auch schon. Es ist unvermeidbar, wenn sich das Leben so stark verändert, auch wenn es langsam geschieht. Es ist das Geworfensein ins Leben. Er lebt schon lange mit dem Gedanken, jetzt lebt er mit dem Erlebnis. In ihrem zweiten Brief in ihrer Kennenlernzeit schrieb sie am 3. Januar 1964 an ihn:

Gleich das erste Gedicht, das du mir geschickt hast, beeindruckte mich. Beim zweiten konnte ich es einfach nicht mehr fassen. Die zwei Zeilen „Wir alle morden,/ wenn wir nicht lieben" taten es mir an. Ich konnte nicht weiterlesen. Jetzt weiß ich nicht nur, dass ich dich verstehe, sondern auch, dass du mich verstehst. Und dann kam noch immer mehr. Weißt du, Ulli, ich habe es aufgegeben zu suchen, verstanden zu werden, und machte es mir zur Aufgabe, andere zu verstehen.

Sie lebte damals stark in der Überlegung, ob ein Mann, der sechs Jahre jünger war als sie, ihr innerlich gewachsen sei. Darum war das Erlebnis mit seinen Gedichten so wichtig für sie.

Persönlichkeit

Er liest bei Goethe: *Das höchste Glück ist die Persönlichkeit.* Er fragt sich, verschwindet die Persönlichkeit mit der Demenz oder wird sie nur auf dem normalen Weg unzugänglich? Wo in uns hält sich die Persönlichkeit auf? Gibt es sie, wenn der Körper verfällt? Was ist Persönlichkeit? Früher wusste er es besser, als sie beide noch ganz im Besitz ihrer geistigen Kräfte waren. Da war die Persönlichkeit, die daraus bestand, was sie dachten, wie sie handelten, was ihre Ziele waren. Aber heißt das, dass man im Besitz seiner geistigen Kräfte sein muss, um eine Persönlichkeit zu haben? Es gibt den deutschen Buchtitel *Das Herz wird nicht dement.* Was heißt das? Was ist es, das unbetroffen bleibt? Kann man es spüren, es ahnen, es ansprechen? Kann die Liebe es entdecken und sich an das Unfassbare wenden?

Nähe

Ich stehe vor dir und verstehe
das Rätsel deiner Demenz nicht.
Mein intellektuelles Handwerkszeug ist armselig.
Alles, was ich meine zu verstehen, wirkt ungenügend.
Ich rede wie ein Blinder von den Farben.
Ich weiß, dass du in deiner eigenen Welt lebst,
der Lewy-Body-Welt mit ihren Visionen,
in die ich dir nur begrenzt folgen kann.

Bis ich begreife,
dass ich es nicht verstehen muss.
Ich muss, darf, möchte, will dich nur lieben.
Ich übe es, die Welt so zu sehen, wie du sie siehst,
auch wenn ich letztlich nicht weiß, wie du sie siehst.
Es muss reichen, mir deine Sicht vorzustellen,
zu spüren, zu fühlen, auch wenn es mir nur selten gelingt.

Meine Bitte an dich: Bleibe mir nah,
so wie ich dir nahe bleiben will.
Ich will lernen, meine Nähe zu dir
nicht von deiner Nähe zu mir abhängig zu machen.

Was wir nicht verstehen,
hat das Potential,
uns reich zu machen,
weil es uns einlädt,
tiefer zu gehen.

Nicht weniger Du

Immer wieder die Worte,
in denen wir verlorengehen,
um mit der Leere aufzutauchen,
aus der sie stammen,
und darin eine Fülle zu finden,
die nicht aufhört, uns reich zu machen.

In zehn Sekunden kannst du ein Wort vergessen,
als wäre es nicht gesagt worden.
Aber du bist auch in dem Vergessen
nicht weniger Du,
als wenn du ein fotografisches Gedächtnis hättest.

Ach, dein Wesen, auch dein wortloses,
wie vermittle ich ihm, dass du gemeint bist,
wenn auch manchmal trotz mir?

mit Marleen, einer guten Freundin in Gibsons

Wo ich stehe

Ich bin von Abgründen umgeben.
Ich bin nicht mutig, will unbeweglich sein
und das Schicksal nicht herausfordern.
Doch dann wähle ich den Mut. Ich wähle ihn.
Ich prüfe die Vorsprünge in der Bergwand,
die möglichen Griffe, die Überhänge,
um auch da noch weiter in die Höhe zu steigen,
wo es eigentlich nicht mehr geht.
Ich weiß, dass ich ausgerüstet bin,
die Höhen und Tiefen zu überstehen.

Neu ist, dass die Luft Menschen im Flug trägt.
Ich lebe von deinen Worten und meinen,
von den verdichteten Blicken,
die sich zu einer begehbaren Fläche zusammenfügen,
und von den Berührungen, die ein Haus bilden,
in das ich zurückkehren kann.

So verwandeln sich die Abgründe
und werden zu Herausforderungen.
Das Stürzen wird zum Fliegen,
der weite Blick wird der Blick nach innen,
und die Angst ist nur eine Schwelle,
über die man treten kann.

Und plötzlich weiß ich,
dass ich nirgendwo wie hier
– ausgesetzt, verunsichert, ausgeliefert –
meine Heimat habe.
Nur die Ängstlichen können Mutige sein.

Nur die Ängstlichen
können Mutige sein.

Du kannst heute nicht reden

Du kannst heute nicht reden, reagierst kaum auf mich.
Ich sage mir trotzdem, dass du noch du bist
und unendlich wertvoll,
auch wenn du nichts verstehst von dem, was ich sage.
57 Jahre verbinden uns jetzt.

Ich versuche dich aus der Apathie hervorzulocken,
aber es gelingt mir nur begrenzt.
Ich bin manchmal für dich kaum noch da, so wirkt es.
Aber ich weiß, dass du auch jetzt
noch ein reiches Innenleben hast,
besonders in deinen Lewy-Body-Visionen,
auch wenn du sie mir nur schwer beschreiben kannst.

Ich habe Vorstellungen, wie du jetzt sein müsstest,
wie du in diesem Moment
deine Begrenzungen überspringen müsstest,
aber du tust es nicht. Oder willst du es nicht,
willst du deine Autonomie behalten?
Ich merke meine Ungeduld und mein Unverständnis.

Ich spüre meine Begrenzungen,
die Kleinlichkeit meiner Vorhaltungen.
Wir treffen uns im Reich des Respekts,
in der weiten Landschaft der Unterschiede.
Ich weiß nicht, was sich in dir vorbereitet,
so wie ich nicht einmal meine eigene Zukunft kenne.

Brombeeren

In vielen Sommern waren deine Hände
mit Brombeersaft verschmiert
und unsere Lippen lilaschwarz –
von den *Sunshine Coast blackberries*.
Jetzt ist dein Gang zu unsicher,
um in die stachligen Büsche zu gehen.
Und stehen kannst du nicht länger
als ein paar Sekunden.
Die Dornen würden dich gefangennehmen
und nicht wieder loslassen.

Ich bin allein.
Den Lederhandschuh auf der Linken,
um die Äste zu mir zu biegen,
den Joghurt-Liter-Becher an einem Bindfaden
um den Hals gehängt, pflücke ich Brombeeren,
um sie dir zu bringen.
Wir werden sie zusammen essen
und vielleicht werden unsere Lippen
noch einmal lilaschwarz werden
und die Zeit wird stillstehen,
als wären wir schon jetzt ewig.

Frieden

Sie liegt auf der Couch. Er hält ihre Füße in seinem Schoß und massiert sie leicht, drückt an den Reflexpunkten. Sie genießt es still. Liz kommt, wie so oft, zu Besuch. Sie ist 70, aber noch ganz jugendlich trotz ihrer weißen Haare, und sitzt an ihrem Kopfende. Es ist ein Bild kompletten Friedens. Das Gespräch geht bald nur noch zwischen Liz und ihm hin und her. Sie wirkt, als wenn sie schläft, aber ab und zu meldet sie sich, fragt nach, kommentiert, was sie gehört hat, leitet das Gespräch in eine andere Richtung. Sagt etwas, was die anderen beiden nicht verstehen und sie auch nicht, wie sie sagt. Alles wie aus einer anderen Welt. Manchmal lachen alle drei, weil ihre Beiträge überraschen. Sie ist also noch da, trotz ihrer geschlossenen Augen und ihres gleichmäßigen, tiefen Atmens. Dann ist sie doch fort, wacht wieder auf, ohne sich zu melden. Die anderen beiden beobachten sie nicht, sind so in ihr Gespräch vertieft und schließen sie doch wortlos ein. Ein besonderer Frieden senkt sich auf die drei. Es wird dunkel, aber keiner der drei hat das Bedürfnis, Licht zu machen. Das Meer vor dem Balkon wird dunkelblau, der Himmel ist erst gelb, dann orange und rot, und zum Schluss lila und lilaschwarz. Es ist ein Frieden, der höher ist als alle Vernunft, und alle drei wissen es. Liz muss gehen. Sie drückt die Liegende, dann ihn an der Tür, bevor er sie zu ihrem Auto begleitet. Wegen Corona sind ihre Gesichter voneinander abgewandt, aber die Herzen so zugewandt, wie sie es nur sein können.

Für Waltraud im Februar 2020

Wir sprechen am Telefon: du, unsere Tochter Kira und ich.
Du kriegst nicht alles mit, ruhig erklären wir es dir.
Kira und ich finden beide den Ton, der Liebe wahrt.
Gerade, dass du etwas nicht verstehst, öffnet eine Tür,
und ohne es wirklich beschreiben zu können,
zieht eine geheimnisvolle Atmosphäre ein.
Sie geht nicht von uns beiden Schlauen aus,
sondern von dir mit deinem begrenzten Verstehen,
fast fünf Jahre nach deiner Demenzdiagnose.
Plötzlich stehen wir in einem Fluss, den wir nicht verstehen,
der aber von einem jeden von uns kommt.
Wir reden nicht darüber, es hat nichts mit Worten zu tun,
aber mit dem Stillhalten vor der Burg des Lebens.
Es wird ein heiliger Moment.

Heute erzähle ich dir von dem Erlebnis vor ein paar Tagen
und du weißt sofort, was ich meine,
und nennst es *Heiligkeit* mit dem Zusatz,
dass wir es *trotz uns* erreichen.
Damit vertiefst du das Erlebnis.
Es geschieht noch einmal,
aber diesmal überschlagen sich unsere Gedanken.
Es ist, als müssten wir das Gewesene
und das Jetzige festhalten können,
aber wir wissen, dass es nicht geht,
und trotzdem erreicht uns die kostbare Freude wieder,
die uns vor ein paar Tagen überrascht hat.

Alles in Allem

Es war heute viel los.
Vom Backen gestern musste die Küche aufgeräumt werden.
Vanillekipferl und Florentiner sind fertig.
Der Puderzucker scheint überall hingeflogen zu sein.
Beim Zahnarzt wurden Waltraud fünf Zähne
auf einmal gezogen. Sie verzog kein einziges Mal die Miene.
Ich saß neben ihr und hielt ihre Hand und streichelte ihr Bein.
Am Ende fragte sie, wer die ganze Zeit
ihr Bein gestreichelt hätte. Alle lachten.
Als wir wieder zuhause waren, musste die Gaze
auf den Wunden im Mund oft gewechselt werden.
Das Blut war dick in ihrem Mund.
Zwischendrin beschäftigte es mich, dass Susanne und Irmlind
in der Schweiz und in Österreich Covid 19 haben.
Irgendwann hatte ich Schreibpapier
nach oben gebracht und es lag wartend auf dem Esszimmertisch.
Dann kam Kira von Saltspring Island.
Wir hatten sie schon länger nicht gesehen, außer auf FaceTime.
Dann stand die erste Gedichtzeile auf dem Papier:
Was weit weg ist. Ich wurde unterbrochen.
Ich machte Abendbrot, pürierte die Gemüsesuppe für Waltraud.
Das Papier wartete geduldig auf mich
und in mir bildete sich die Notwendigkeit zu schreiben.
Es war eine Art Flucht und gleichzeitig der Wille,
etwas zu gestalten, was mehr sein würde
als die alltäglichen Dinge.

Ich stieß in eine andere Welt vor. *Was weit weg ist, ist ganz nah.*
Es bewegte sich in Bildern und Worten durch meinen Kopf.
Das Papier war eine Einladung.
In Allem ist Alles. Darüber ist schwer zu sprechen,
aber gerade das macht mich glücklich.
Inzwischen ist es nach Mitternacht desselben Tages
und ich habe mich wiedergefunden,
auch wenn ich mich nicht verloren hatte.

Macht dir die Zukunft Angst?

Ich frage dich, ob deine Zukunft dir Angst macht,
und du verneinst.
Ich spüre meine Angst für dich und ebenso für mich,
weil ich mir vorstelle, wie es für mich sein würde,
die geistigen Fähigkeiten zu verlieren,
abgeschnitten zu sein von meinem inneren Reichtum.

Ich bestaune die Gnade,
dass du nur manchmal deine Auflösung merkst.
Vielleicht ist es deine Befreiung zum Moment,
an der wir alle schon lange gearbeitet haben.
Es geht nicht mehr darum, die Welt zu retten,
sondern nur die Schönheit des Moments zu entdecken –
diese große Gabe an uns.
Zusammen schwimmen wir in diesem Meer
in unserem kleinen Boot *Hoffnung*.

Ärger

Er spürt seinen Ärger hochkommen. *Warum kann sie nicht das tun, was ich vorschlage? Es würde alles einfacher machen. Ich habe den besseren Überblick.* Es wird zu einem Streit. Er spürt, wie ihre Demenz ihn aushöhlt, aber er weiß auch, dass er es zulässt. Er fragt sich, ob es seine Eitelkeit ist, sein Bedürfnis, „es besser zu wissen". Seine Rechthaberei. Dann wieder weiß er, dass er den besseren Überblick hat, was zu gefährlich ist und wie es ungefährlicher zu machen wäre. Aber er versteht auch, dass sie frei handeln möchte. Als die 49-jährige Tochter da ist, sagt sie: *Mutti, du kannst dir nicht mehr trauen, du hast nicht mehr den Überblick, du musst Papa trauen. Versprichst du mir das?* Sie wehrt sich nicht dagegen, aber er weiß, dass es ihr schwerfallen muss, hat sie doch so viele Jahre ihr Leben in der Hand gehabt. Und er muss sich nach neuen Wegen umsehen, wenn sie ihm nicht intuitiv vertraut und selbst etwas unternimmt, wobei sie Gefahr läuft, sich gefährlich zu verletzen.
Etwas später spürt er seine Unreife sehr schmerzhaft. Er begreift, dass er nicht schöpferisch mit der Situation umgegangen ist, und es tut ihm leid. Selbst beim Leidtun sucht er noch nach Wegen, sich zu rechtfertigen. Ihre Krankheit bringt alles an den Tag, was sonst nicht sichtbar ist. Er kann sich nichts mehr vormachen. Es ist wie eine Feuerprobe.

Ausdauer

Ich sage dir, dass ich dich liebe,
und meine es mit allem in mir.
Du bist nur noch Haut und Knochen,
trägst eine Windel, die ich täglich wechsle,
und doch gilt mein Liebesgeständnis.
Es entsteht mehrmals am Tag,
kommt von allein, und ich prüfe meine Gefühle,
meinen Willen und meine Haltung, ehe ich es sage.
Ich will dich nicht mit Sprüchen abspeisen.

Ich staune über die Ausdauer der Liebe,
über ihre Härte mit sich selbst,
weil sie von sich verlangt, da zu sein,
auch wenn sie kein überwältigendes Gefühl ist,
aber doch so berührend wirklich,
wie damals, vor mehr als 50 Jahren.

Und dann holen die Gefühle
die Entscheidung dich zu lieben ein.
Was für ein Erlebnis! – wenn sich auch äußerlich das ereignet,
was innerlich erhofft wurde.
Ich ahne, dass die Zeit und die Umstände
nur sehr wenig zählen, wenn die Liebe wagt,
in ihrer reifen Form aufzutreten
und Minute und Stunde gewinnt
und trotz aller Enge die Welt weit macht.

Unreife

Er ist wieder einmal den Tränen nahe. Dann fließen sie. Er kann es nicht fassen, dass sie sich um Kleinigkeiten streiten. Dass er etwas als persönlichen Angriff nimmt, wenn es wahrscheinlich die Demenz ist, die sie das oder jenes sagen lässt. Er versucht auseinanderzudividieren, was die Demenz ist und was ihr Widerstand gegen seine Vorschläge ist. Er meint, er kann den Unterschied feststellen. Dann schämt er sich, dass er alles so genau untersucht und sie dabei leiden lässt und sich in große Unruhe und Tränen stürzt. Ist es seine Eitelkeit, die sich verbittet, sich so behandeln zu lassen? Er zweifelt an seiner Liebesfähigkeit, an seiner Reife, an der Bewusstwerdung seines ganzen Lebens. *Wie kann ich fast plötzlich so kleinkariert sein? Was ist los mit mir?*

Aus etwas Abstand versteht er den ganzen Prozess besser. Es ist von ihm aus gesehen viel Fürsorglichkeit dabei. Und von ihr aus gesehen ist es das fast verzweifelte Bestreben, noch etwas in ihrem Leben bestimmen zu können. Das kann er verstehen. Sie muss sich auch verletzen dürfen, das gehört zum Leben dazu. Wenn er das von ihr fernhält, hält er das Leben von ihr fern – so mag sie es sehen oder intuitiv empfinden. Sicherheit ist nicht alles, auch wenn er das jetzt als seine überragende Aufgabe ansieht.

Hilfsbedürftig

Vor Jahren hast du eine Jacke gestrickt
und die Knöpfe dazu gehäkelt.
Jetzt hast du nicht mehr die Stärke in deinen Fingern,
um sie zuzuknöpfen.
Ich helfe dir dabei und du wartest geduldig.
Was durchzieht dich in dieser alltäglichen Handlung?
Wer bin ich für dich, wenn ich es tue?
Deine Unabhängigkeit war dir so wichtig.

Wir bewegen uns jetzt in einen anderen Raum hinein.
Ich diene dir. Ich bedenke mehr als je vorher.
Ich sorge vor, ich erahne, was du brauchst,
ich plane für dich mit.
Früher sind wir davon ausgegangen, dass es immer
so bleiben wird wie in unseren jungen Jahren.
Jetzt ist deine Abhängigkeit eine Überraschung,
mit der wir lernen müssen umzugehen.
Im Tiefsten sind wir beide darin hilfsbedürftig,
ob man es sieht oder nicht.

mit Anja, einer guten Freundin in Deutschland

Der Weg der Weisheit
ist nicht zu kennen,
bevor er gegangen wird,
Fuß vor strauchelndem Fuß.

Der andere Weg

Sich einrichten im Scheitern,
weil alles, was sich wirklich anzugehen lohnt,
zu groß ist für unser Vermögen.
Gerade im unvollkommenen Lieben entstehen wir,
durch unser Versagen reifen wir,
wir werden erfahren und altersschwach
oder helläugig und jungbegeistert,
wie es die Liebe will.
Wir sind weich und hart,
zart und reich in unseren Anstrengungen,
aber wir entstehen, wir erwachen,
auch gerade in unserer Unzulänglichkeit.

Es passt zu uns, vor verschlossenen Türen zu stehen,
stummgläubig, sanftverwegen, hoffnungsrüttelnd.
Jede Tür öffnet sich am Ende,
auch wenn sie geschlossen bleibt.
Es ist unserer Deutung überlassen.
Nur im Innersten ist die Weite,
die nichts und niemand uns gibt.
Unser Leben, unterlagert von der Unheilbarkeit,
gesundet tiefer als in jeder Genesung.
Es ist der Weg der Weisheit,
der nicht zu kennen ist, bevor wir ihn gehen,
Fuß vor strauchelndem Fuß.

Die Laute deiner Sprache

Manchmal haben die Laute deiner Sprache
so wenig Profil, dass ich sie nicht verstehe.
Ich warte auf ein Wort, das ich kenne,
um dadurch den Rest deines Gesprochenen zu erschließen.

Ich will noch verstehen, was dein Herz sagt,
auch wenn es Tage gibt, an denen ich
nicht die Kraft habe, mir die Mühe zu machen,
dich zu verstehen.
Da lasse ich deine Sprache über mich schwappen
wie fremde Wortwellen.

Ich weiß, dass das nicht geht,
dass so die Verbindung abbricht,
und ich muss mich wieder neu fragen,
ob ich die Kraft und Ausdauer habe,
diesen Weg so ganz mit dir zu gehen –
und wie tief die Liebe zu dir
in meinem Herzen eingebrannt ist.

Heute waren wir getrennt

Heute waren wir getrennt.
Ein Streit stellte eine Wand zwischen uns.
Wir selbst bauten die Wand.
Den ganzen Tag lang versuchten wir,
zueinander zu finden, auch
wenn wir abweisend, ungeduldig
und rechthaberisch waren.
Es war zeitweilig so, als hätten wir alles vergessen,
was wir ein Leben lang gelernt haben.

Wie viel davon war deine Demenz
und wie viel war meine Unreife?
Sie gingen ineinander über,
überall fehlte die Größe.

Es war, als würden wir einen hohen Berg besteigen
mit tückischen Geröllfeldern, steilen Wänden,
unsichtbaren Gletscherspalten, Abgründen,
Graten, nur so breit wie ein Schuh.
Die Luft wurde dünner, die Muskeln schwächer,
und manchmal verhielten wir uns so,
als wollten wir nicht zur Spitze gelangen.
Sauerstoffarm, höhenkrank, tiefenkrank
an uns selbst leidend schleppten wir uns durch den Tag.

Unsere Augen treffen sich

Unser Augen treffen sich.
Was in unseren Augen trifft sich?
Wie viel von dir sehe ich?
Wie viel gibt es noch zu sehen?
Und was von mir nimmst du auf?
Wir halten den Blick,
halten ihn fest mit unseren Gedanken,
mit einem Strömen tief innen.
Ich schicke mein Herz, um dich zu tragen.
Am Ende lächeln wir beide.
Für diesmal reicht es.

Versachlichung

In den täglichen Pflichten – das Einkaufen, Essenmachen und das gelegentliche Füttern, sie an- und auszuziehen, der Toilettengang, das Duschen, solange das überhaupt noch möglich ist, das Erklären des Tagesgeschehens – geschieht eine Versachlichung der Krankheit. In der Konzentration auf das, was zu tun ist, denkt er weniger an die psychologische, mitmenschliche Seite, die der Verlust ihrer Fähigkeiten mit sich bringt – für sie und auch für ihn. Er hofft dabei, dass er sie als Person nicht versachlicht. Er kann auch verstehen, dass sich diese Versachlichung verselbstständigt. Irgendwann wird aus dem Subjekt und dem echten Menschen, wenn auch mit reduzierten Fähigkeiten, ein Objekt, das umsorgt, gepflegt, behandelt wird, aber ein Objekt. Er denkt viel über den Unterschied zwischen Subjekt und Objekt nach. Auch stellt sich ihm die Frage jeden Tag anders: Was ist ein Partner und wann hört ein Partner auf, Partner zu sein? Wächst mit der Bedürftigkeit des einen die Partnerschaft oder nur das Mitleid? Ist Augenhöhe absolut wichtig für eine Partnerschaft und worin besteht Augenhöhe? Er spürt, wie es darauf keine allgemeinen Antworten gibt. Er muss sie sich jeden Tag neu suchen. Dabei achtet er darauf, seine Definition von Partnerschaft nicht den Zuständen anzupassen, um sie noch eine Partnerin nennen zu können. Aber er spürt, dass eine wichtige Verschiebung stattfindet. Vielleicht ist die Definition von „partnerschaftlich" weniger bei der Möglichkeit des Austauschens, der Geistigkeit, des Gegenüberseins zu suchen als auf der Ebene des Liebens und des Sich-lieben-Lassens. Kann es sein, dass wir auch da Kinder unserer Zeit sind, die meinen, dass nur das, was wir intellektuell teilen und gemeinsam verarbeiten, mehr Wirklichkeit hat als unsere Gefühle, unsere Intuition und unsere Humanität? Gelingt es uns, andere Kriterien zu finden, mit denen wir eine echte Bruder- und Schwesternschaft aufbauen?

Das Gehirn

Auch jetzt, im fortgeschrittenen Stadium ihrer Demenz, kommt ihm ab und zu der Gedanke – früher war er noch häufiger da –, dass aufgrund ihres gemeinsamen Lebens und ihres Bestrebens, wirklich bewusst zu leben, ihre Demenz anders verlaufen müsste. Er merkt, dass er seit der Diagnose gedacht hat, dass die Arbeit, die sie beide in die Bewusstwerdung und in die Formen des Liebens gesteckt haben, jetzt in ihrer Demenz zu bemerken sein müssten. Oder waren sie umsonst, was diese Krankheit betrifft? Er merkt auch, dass darin ein gewisser Stolz steckt. Weil sie so vieles anders gemacht haben als manche ihrer Zeitgenossen, müssten sie mit einer gelinderen Form der Demenz belohnt werden. Aber dann ist da das Gehirn, die 1300 Gramm Masse bei ihr, die von Plaque befallen worden ist und nicht mehr richtig funktioniert! Die Plaque-Ablagerungen im Gehirn kennen da keine Unterschiede. Erschreckend und plötzlich denkt er, *wir sind durch und durch Materie und nicht Geist. Noch haften wir an dieser Erde und es ist uns nicht gegeben, unser Erdenhaftes ganz hinter uns zu lassen.*

Und doch sucht er noch nach Gründen, warum wer unter Demenz leidet. Vielleicht ist es nur sein Bestreben, noch etwas zu finden, was die Wahrscheinlichkeit verringert, diese Krankheit zu bekommen. Es ist der Versuch, irgendwo und irgendwie eine „Schuld" zu finden, eine Erklärung, um das Schicksalhafte zu reduzieren. Er findet es schwer, zu glauben, dass es irgendjemanden treffen kann, dass es letztlich keine wirkliche Erklärung gibt für das Getroffenwerden. Das muss er erst verarbeiten.

Wie ein alter Film

Vergib mir meine Ungeduld, wenn ich erwarte,
dass du etwas noch tun kannst,
wie du es 80 Jahre lang tun konntest.
Ich lerne die Vergangenheit loszulassen,
Erwartungen wegzuschicken,
alte Vorstellungen für die Gegenwart
und für eine mögliche Zukunft zu verabschieden.

Alles Leben und Lieben muss jetzt geschehen,
habe ich vor 30 Jahren geschrieben.
Jetzt, wie nie zuvor, muss ich es leben,
mit meiner Ungeduld,
die sich gehalten hat wie ein alter Film,
den ich anschauen muss,
ob ich will oder nicht.

Gespräche

Du redest jetzt viel vor dich hin.
Deine Selbstgespräche bilden manchmal
eine Geräuschkulisse in unserem sonst stillen Haus.
Oft verstehe ich nicht, was du sprichst,
du erwartest es auch nicht.
Du sprichst mit den Gestalten deiner inneren Welt.
Was mögen sie sagen und was teilst du ihnen mit?
Besonders deine Gespräche mit den fremden Kindern,
denen du begegnest, würden mich interessieren.
Höre nicht auf zu sprechen,
auch wenn ich dich nicht immer verstehe.
Deine Innenwelt ist groß und will gehört werden.
Ich will von ihr hören.

Kostbare Tage

Seit Wochen lese ich dir unsere illustrierte Korrespondenz
von vor 57 Jahren vor.
Du spürtest damals das Glück,
jemanden getroffen zu haben, der dich verstand.
So schreibst du nach drei Monaten Briefaustausch:
Im Moment kann ich mir nicht vorstellen, dass es einen
Menschen gibt, dem ich ohne Scheu alles, was mich bewegt, sagen
darf und dem ich schon so viel gesagt habe und der
mich verstanden hat. Ich bin traurig,
dass ich mir das nicht vorstellen kann,
wo ich es doch wahrhaftig können sollte ....

Das lasse ich auch fast 60 Jahre später nicht los,
auch wenn eine Krankheit, die keine Grenzen kennt,
uns schwer trifft.
Ich lese dir vor, was du damals schriebst,
und wie du mit deinem ganzen Wesen
in deinen Worten warst,
dazu mit deiner Hoffnung und deiner Liebe,
wie wir sie damals verstanden.
Damit halte ich jetzt deine zerbrechliche Person
in meinen sorgenden Händen,
einen Brief nach dem anderen,
einen kostbaren Tag nach dem kostbaren anderen,
damals und heute.

Ein Sturz

Gestern ist sie wieder gefallen und hat sich dabei den Hinterkopf aufgeschlagen. Blut quoll in die Haare. Eine Steckdose hat sie bei ihrem Aufschlag an der Wand zerschlagen. Er findet, es war nicht nötig, was sie unbedingt machen wollte. Aber sie fand es wichtig. Sie wollte es noch tun können. Er hat Angst, dass sie sich die andere Hüfte auch noch bricht und wieder für drei oder vier Wochen ins Krankenhaus muss, was vielleicht jetzt in Corona-Zeiten nicht möglich sein mag. Und wenn, dann ohne Besuch. Er will es verhindern, indem er alle Hindernisse ausräumt. Aber das ist kaum zu schaffen. Auch scheint sie es nicht zu wollen. Sie will etwas von dem alten Leben zurückhaben. Sie ist noch da. Meistens erinnert sie sich noch gut an ihr früheres Leben.

Es gibt viele Momente, da ist ihr Zustand weit weg von den Texten, die er schreibt, und noch weiter weg von einer Theorie oder Ideologie über diese Krankheit. Da ist für ihn alles nur anfassen, halten, abwischen, halten, festhalten, einspringen, loslassen im körperlichen Sinn, Scherben zusammenkehren, füttern, nicht fragen, warnen, trocknen, heben, halten, blockieren. Es ist eine Körperlichkeit, die ihn ermüdet, weil sie in langen Strecken so wenig Platz für die Seele zu haben scheint. Bis er merkt, dass das alles Seele haben kann, Seele hat.

Kleinigkeiten
sind keine Kleinigkeiten
im Reich der Demenz.
Manchmal sind sie alles,
was es gibt.

Je selbstloser
die Liebe ist,
desto weniger
Erwartungen
hat sie.

Liebe

Manchmal hat er jetzt Mühe, sie anzusehen, den Zerfall zu erleben, ihre Unfähigkeit. Er sieht alte Fotografien von ihr an – die scharfen Augen, die Konzentration, der offene Weg nach innen und wieder zurück nach außen. All das ist jetzt manchmal schwer zu finden. Da ist oft nur Verlorenheit, Zerstreutheit, Selbstvergessenheit und Schwere. Dann ist es schmerzhaft, sie anzusehen, und der stille, ungewollte Vergleich zu früher drängt sich auf. Aber er weiß, er muss vergessen, wie sie einmal war, um ganz bei ihr zu sein, wie sie jetzt ist. Erst dann gelingt es ihm, sie ganz anzunehmen mit ihren jetzigen Begrenzungen. Erst dann lässt er los, sie *für etwas* zu lieben – sie weder für ihre Begabungen zu lieben noch für ihre Fähigkeiten und noch nicht einmal für ihre Einmaligkeit. Erst dann begreift er, dass das Lieben ohne Zweck und Hintergedanken geschehen muss. Auch das Mitleid will er nicht zulassen. Noch nicht einmal für ihr Menschsein will er sie lieben. Er will sie nur lieben, ohne ein „für". Dafür muss er sich selbst erst in gewisser Weise beiseite räumen und sein Wesen mehr von ihren Bedürfnissen gestalten lassen. Je selbstloser die Liebe ist, desto weniger Erwartungen hat sie. Manchmal spürt er, dass er alles, was er an Erwartungen an sie hat, loslassen muss. Wenn ihm das gelingt, dann spürt er eine neue Frische und Stärke. Er merkt auch, wie gut ihr das tut. Er meint zu spüren, dass dann jeglicher Druck von ihr abfällt, weil sie nichts und niemandem mehr gerecht werden muss.

Als du mir deine Hand reichtest

Heute morgen reichtest du mir im Bett deine Hand.
Ich spürte, dass du ganz vorsichtig in ihr warst.
Im Halbdunkel des Morgens
legte ich deine Hand in meine beiden
und etwas in mir glaubte, ich könnte mit der Berührung
und mit der Energie meiner Gedanken
etwas erhalten, etwas festhalten
oder gar etwas zurückholen von dem,
was unwiederbringlich entschwindet.
Geh mir noch nicht verloren.

Es war, wie es früher war,
aber doch bewegte mich die Frage,
ob du das Ausmaß unserer Handlung verstandst
und ob du es hinzufügen konntest
zu dem inneren Reich deiner Beziehung zu mir.
Geh mir noch nicht verloren.

Das Kleine, das Große

Ich sitze auf dem Rand deines Bettes.
Du hast die Augen geschlossen, bist in deiner inneren Welt
mit ihren Träumen entschwunden,
zu der ich keinen Zugang habe.

Ich merke, wie meine Welt kleiner wird
in der Konzentration auf dich, und ich muss aufpassen,
dass ich nicht auch kleiner werde.
Und gleichzeitig – in einem Widerspruch –
liegt mir eine große Welt zu Füßen. Wie betrete ich sie?
Vielleicht nur über den schmalen Grat der Demut,
mit der ich übe, dich zu pflegen,
indem ich auch das Kleine groß sehe.

Du redest mich an

Du redest mich in der Mehrzahl an,
mit *ihr* und *euch*.
In deinen Gedanken bin ich mehrere,
manchmal war ich schon drei.
Ich verstehe, dass ich für dich
für die Menschen in dieser, meiner Wirklichkeit stehe,
während du oft eine andere Wirklichkeit bewohnst,
in der du freier bist.

Deine ist eine Sterne-Wirklichkeit,
in der du Begegnungen hast, die dich erfüllen,
und in der die lächerlichen Begrenzungen dieser Welt
aufgehoben sind.
Willst du irgendwann dort bleiben
und unserer Welt den Rücken kehren?
Ich werde dich vermissen,
aber wenn es dir dort besser geht,
werde ich dich hier nicht festhalten.

Trennung

Er übt es, sich nicht innerlich von ihr zu entfernen, weil sie *weniger* wird. Er weiß, dass das oft der Umgang der Gesellschaft mit der Demenz ist. Am besten leben die Dementen in Heimen, Wohngemeinschaften fernab der verrückten, hektischen, gleichmachenden Welt. In der Gesellschaft sind sie Sand im Getriebe. Vor 70 Jahren hat der Lyriker und Hörspielautor Günter Eich in seinem Stück *Träume* schon geschrieben: „Seid Sand im Getriebe der Welt." Die Dementen sind der Sand, darum muss man sie wegschließen. Natürlich, damit es ihnen gut geht. Oder etwa, damit die Gesellschaft weiter verrückt sein kann?
Er will dieses Wegschließen auch als einen inneren Prozess nicht. Er will mit ihr leben im täglichen Einerlei, Vielerlei – auch wenn sie ihm manchmal kein Gegenüber mehr sein kann, wie sie es einmal war. Er ist bereit, ihr seine Zeit und Energie zu geben – zuweilen sogar ganz von ihr bestimmen zu lassen. Immer wenn die Trennung sich zeigt, will er sie überwinden. Er weiß, dass es eine Geisteshaltung ist. Alle Trennungen beginnen innen, wenn das Herz zumacht. Und übrigens, was bedeuet *weniger* zu werden? Unser Wesen ist nicht quantifizierbar.

Ein Fluss

Es geschieht jetzt häufiger,
dass ich dich nicht erreiche.
Du schwirrst ab in deine Welt,
in der du mich nicht brauchst.
Dort bist du meistens gut aufgehoben,
auch ohne meinen Schutz.
Lockt dich diese Welt, oder drängt sie sich dir auf?
Lass mich weiter wissen,
wie es dir geht und was dich bewegt.
Ich bin an deiner Seite –
manchmal ungenügend gegenwärtig,
und dann wieder ganz bei dir
mit meinem Wesen, auf der Suche nach deinem Wesen.
Ich will nicht, dass es aufhört zu fließen zwischen uns.
Wir bleiben ein Fluss mit zwei Wasserfarben.
Am Ende fließen wir in dasselbe Meer.

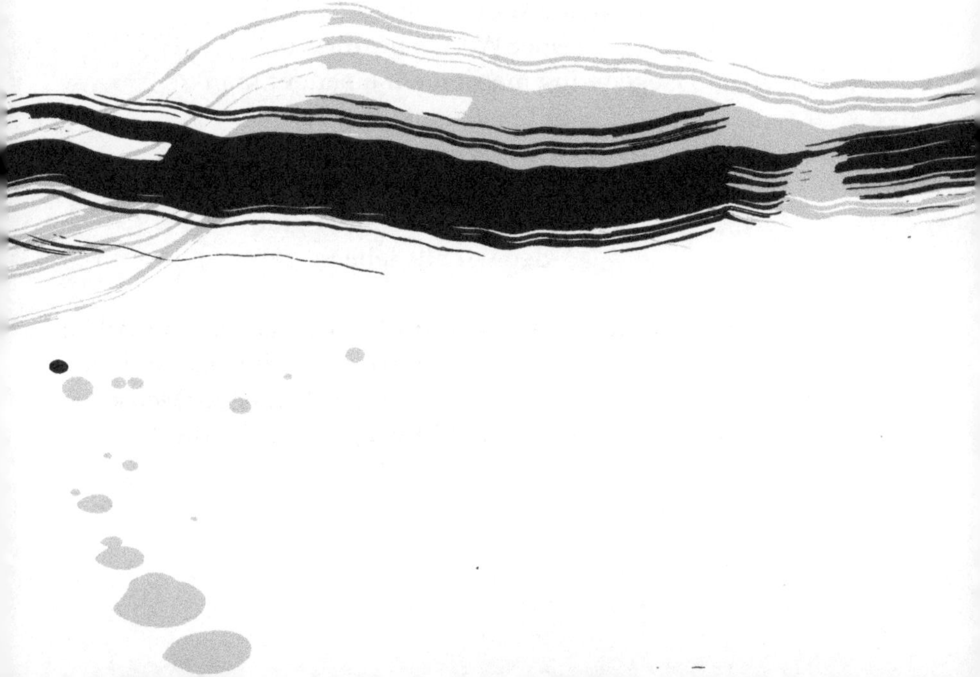

Stellvertretung

Schon lange kennt er den Gedanken der Stellvertretung. Vielleicht ist das ein Überbleibsel aus seiner christlichen Erziehung und Sozialisation: Jesus starb einen stellvertretenden Tod, heißt es in der christlichen Lehre. Oder er denkt an Schillers *Bürgschaft*, in der ein Freund bereit ist, für seinen Freund zu sterben, was das Herz des Tyrannen erweicht und Leben schafft. Aber noch mehr interessiert ihn, ob wir Menschen allgemein stellvertretende Dienste in diesem Bereich füreinander leisten. Kann es sein, dass ein Mensch für einen anderen, den er nicht kennt und der irgendwo auf der Welt wohnen mag, krank wird, weil der andere die Krankheit nicht ertragen könnte? In dem Gedanken steckt die Überlegung, dass es die Krankheit geben muss, dass jemand sie also austragen muss, weil sie Teil des Gesamtgeschehens ist. Könnte das so sein?
Mit dem Gedanken im Hintergrund denkt er an ihre Demenz und ob jemandem irgendwo auf der Welt diese Krankheit durch sie erspart bleibt. Es wäre eine Erklärung dafür, dass Menschen auf überraschende Weise krank werden oder eine für sie unerklärliche Krankheit bekommen. Besonders interessiert ihn in diesem Denken die Verbundenheit aller Menschen miteinander. In einem Gedicht von ihm heißt es:

Meine Verletzung drückt sich
in einer Wunde bei dir aus.
Gegenseitig machen wir einander krank
und heilen uns ebenso.
In unserer Kurzsichtigkeit
verstehen wir nicht,
dass es nur einen Körper gibt,
den wir alle teilen.

Und er weitet den Gedanken noch aus: Alles ist mit Allem verbunden. Das schließt auch die Tier- und Pflanzenwelt ein. Es wäre eine vorsichtige Erklärung der Pandemie. Menschen haben seit vielen Jahren die Mitwelt, besonders die Tierwelt

leiden lassen und nun erleben sie dieses Leid am eigenen Körper. Dabei geht es nicht um Rache, wohl aber um den Gedanken: Gegenseitig machen wir einander krank.
Er weiß, dass diese Gedanken der Versuch sind, Krankheit zu verstehen, sie zu ergründen und ihr eine Bedeutung zu geben. Menschen haben seit Beginn versucht, das zu begreifen, was an ihnen geschieht und wofür sie keine rechte Erklärung haben. Da gab es die Erklärung, dass Krankheit eine Prüfung von Gott sei, etwa in der Geschichte von Hiob im Alten Testament. Oder sie sei eine Strafe für ein falsches Leben, wie es auch in der Bibel zu finden ist, etwa die Plagen, mit denen der ägyptische Pharao heimgesucht wird, weil er die Israeliten nicht ziehen lässt.
Er wird ihre Krankheit nicht erklären können, aber das Bedürfnis darüber nachzudenken hat er immer wieder. Und manchmal reicht das schon, um besser mit dem Schicksal Frieden zu schließen.

Manchmal kannst du
überraschenderweise schon,
was ich noch lernen muss.

Die Segel setzen

Wir kommen an das Ende unserer Kräfte,
auch miteinander, weil wir so ernst sind.
Wir verstehen einander nicht.
Die Demenz ist größer als wir.
Ich verlaufe mich in dem Bestreben, das Richtige zu tun.

Noch immer ist mein Ansatz der eines Gesunden,
der die Verwandlungen des Gehirns nicht begreift.
Jahrzehnte habe ich damit gelebt,
was geht und logisch richtig ist.

In mir gibt es einen Hafen für das,
was sinnvoll ist. Da landen die Schiffe
aus Jahrhunderten mit ihrer Gedankenfracht,
deren Sachlichkeit ich hoch schätze,
wenn sie anlegen und ich sie vertäue.
Nichts davon ist jetzt gefordert,
nur die Sonne der großen selbstlosen Liebe,
die die Schiffe davonfahren lässt
und die eben noch ferne Seele
über Wasser und Land schickt,
um ihren Zauber zu üben.

Verzeih mir wieder einmal meine Blindheit
und die Arroganz von einem,
der die Segel falsch gesetzt hat
und andere beschuldigt, wenn er kentert.

Gegensätze

Wenn sie zuammensitzen, beginnt er jetzt oft einen Satz mit „Das Leben ist ..." und sie versucht mit seinen Gedanken mitzugehen. Es ist, als hätten sie beide das Bedürfnis, grundsätzliche und umfassende Aussagen über das Leben zu machen. Aber er weiß schon, wenn er den Satz beginnt, dass sein Unternehmen zum Scheitern verurteilt ist – etwa bei einem Satz wie „Das Leben war lang ...". Schon beim Sagen merkt er, wie kurz das Leben war. Haben sie sich nicht erst kürzlich in Hamburg besser kennengelernt und sind dann zusammen zurück nach Kanada geflogen? Aber das ist 58 Jahre her. Das war vor langer Zeit. Und doch ist die Zeit schnell vorbeigegangen.

Am Ende setzt sich das Leben aus Gegensätzen zusammen, Gegensätze, die sich nicht auflösen lassen. *Gerade in den Gegensätzen ereignet sich das menschliche Los,* denkt er. An „guten" Tagen sind die Gegensätze Quelle einer positiven Spannung im Leben. Es kribbelt förmlich in den Händen, der Kopf versucht etwas zu begreifen, was nicht zu begreifen ist, und der Mensch ist glücklich, so herausgefordert zu werden. Das Leben ist dicht und umwerfend, manchmal fast wortwörtlich. Und an sogenannten „schlechten" Tagen entsteht Leid und Not aus dem Versuch, die Gegensätze aufzuheben und so das Leben zu erleichtern. Aber das gelingt nur mit der Flucht in die Kleinkariertheit, mit einer Absage an die Buntheit des Lebens.

Das Glück entsteht im Bejahen der Gegensätze, im Aushalten, im Bewundern, im Annehmen. Das Leid entsteht in der Vereinfachung, die wir uns tief innen nicht glauben, und in der Absage an die Komplexität und damit auch in der Distanzierung von Menschen, die die Welt differenzierter sehen. Wieder einmal liegen Glück und Leid bis zu einem gewissen Grad in uns, in unserer Einstellung zu den oft unabänderlichen Umständen unseres Lebens wie denen der Demenz.

Die Waage

Manchmal wundert er sich, dass minutenlang, vielleicht auch schon mal eine ganze Stunde, alles so normal ist, trotz ihrer Krankheit. Es ist, als ob er sich ihren Zustand einbildet. Er umgibt sie mit kleinen Handgriffen, erzählt ihr etwas, sagt ihr, wie spät es ist und was er vorhat. Sie scheint folgen zu können. In diesen Momenten staunt er, wie wenig nötig ist, um sie beide glücklich zu machen. An anderen Tagen geht fast nichts. Seine Worte sind ihr nicht verständlich und sie spricht eine Fremdsprache für ihn. Die einfachsten Handgriffe gelingen ihr nicht.

Er überlegt dann, wie der gute Zustand „festzuhalten ist". Andererseits übt er, das „wie früher" als einen Wunschtraum loszulassen, weil es sich nicht erfüllen wird. Er denkt an eine altmodische Waage, die wie eine Wippe aussieht. Nur ein paar Gramm mehr auf einer Seite, und die Seite sinkt herab. Wenn er doch finden könnte, was die Waage auf der Seite der Gesundheit sinken lassen würde. *Vielleicht liegt es an meinem Ton, an meiner zu kleinen, tiefinneren Hoffnung, an meinem fehlenden Glauben an ihre Gesundungskräfte.* Er weiß, dass Millionen vor ihm schon so gedacht und das Geheimnis nicht gelüftet haben. Dann denkt er, dass es genauso sein muss, wie es ist. Es ist der große Ablauf (nicht der große Plan – den will er nicht allem unterstellen), in dem alles eine Bedeutung hat oder die Menschen allem eine Bedeutung geben. Darin kann er ruhen – bis zum nächsten Aufbruch.

Feind

Heute ist er aus ihrer Sicht der Feind, wenigstens der Widersacher, der nie: (er hört es in Häkchen: „nie“) interessiert ist an ihr. Er hat gerade das Frühstück gemacht und ist überrascht über ihre Haltung. Seine Freunde sagen, wenn so etwas passiert: „Da spricht die Demenz.“ Aber das ist ihm zu einfach. Alles, was nicht gefällt oder unerklärlich ist, ist die Demenz. Er überlegt, was sie veranlasst hat, das zu sagen. *Ist es etwas in mir?*, fragt er sich. *Nehme ich etwas an mir nicht wahr oder ist es ihre Frustration, so behindert zu sein, die sie an dem Menschen, der ihr am nächsten steht, auslässt*? Wie meistens, kommt er zu dem Schluss, dass es eine Kombination von Faktoren ist. Was macht das mit ihm? Er ist betroffen, verletzt, verärgert. Er setzt sich ganz für sie ein. Sein Leben dreht sich um ihr Wohlbefinden. *Warum sieht sie das nicht?* Vielleicht weil es zu schwer ist, so unfähig geworden zu sein und so in seiner Schuld zu stehen. Er rechnet es ihr nicht vor, möchte aber geschätzt sein. Vielleicht kann sie es heute nicht. Sein Ärger über ihre Undankbarkeit verfliegt. Die Zeit, die er den Ärger festhält, wird kürzer. In ein paar Minuten hat er die ganze Bandbreite seiner Gefühle gespürt. *Es gibt noch viel zu tun an mir,* sagt er sich.

Reife entsteht gerade
an der eigenen
Unvollkommenheit.

Wie es begonnen hat

Du fragst mich, wie es begonnen hat.
Das „Es“ ist fast immer klar.
Ich erzähle dir von den Untersuchungen
und von der Diagnose am 12. Juni 2015,
als wir anschließend zu meiner Schwester
zum Geburtstag fuhren und ihr den Befund mitteilten.

Aber ich sage dir auch,
dass ich im August / September 2015
noch einen Foto-Workshop in Island geleitet habe
und du noch gut alleine sein konntest.

Es ist, als wenn man einem Kind davon erzählt,
wie es war, als es noch Kind war
und dann erwachsen wurde.

Dann fragst du die schwere Frage,
ob es heute schlimmer sei als damals,
und ich weiß nicht, wie ich es dir sagen kann,
ohne dich hoffnungslos zu machen,
dass es wahrscheinlich kein „Zurück“ gibt.

Manchmal, wenn ich mit dir rede

Manchmal, wenn ich mit dir rede,
kenne ich mich selbst einen Augenblick lang nicht.
Ich formuliere das Wichtige einfacher,
um dich hereinzuholen in die schweren Abläufe.
Ich neige mich dir zu, näher als früher.
Ich kann mich vergessen, wenn ich mutig bin.

In deinen Bedürfnissen erkenne ich mich –
meine neue Rolle, meine Pflichten.
In deiner Sehnsucht, die jetzt
ungeschützter hervortreten kann,
lerne ich, wer ich in deiner Welt bin.
Deine Begrenzungen fordern von mir,
meine Begrenzungen zu überspringen
wie unwichtige Hindernisse,
um ein anderer zu werden,
wenn ich mir treu bleiben will.
Auch wenn du mir manchmal fremd bist,
erlaube ich es nur selten,
dass wir dadurch getrennt werden.

Und gleichzeitig bin ich noch der
mit einem ganz eigenen Leben neben deinem
und neben dem, was ich für dich tue.
Den will ich nicht vergessen, weil er auch leben will,
und ich weiß, dass du es auch nicht erwartest.
Vielleicht entsteht so, dass du oft zwei Ulrichs erlebst
und mich häufig fragst, welcher ich gerade bin.

Seit Tagen gehst du auf der Luft

Seit Tagen gehst du auf der Luft, sagst du.
Die feste Unterlage unter dir wird weggezogen
und du stehst in der Luft, hoch oben.
Du beschreibst es mir immer wieder,
bist so ganz in dem Bild, das dich durchzieht.
Du sagst, es sei so viel schöner, als dass es beängstigend ist.
Aber du sprichst auch über deine Angst,
weil du nicht weißt, „was noch kommt".

Noch immer bist du unterwegs.
Deine Gedanken, deine glückliche Unruhe,
die Bilder, die dich besuchen,
die Vorstellungen von dem, was sein kann,
die Stücke deiner Gedanken –
sie alle sind Teil eines geheimnisvollen Ganzen,
das wir beide nicht verstehen
und jetzt oft entspannt ruhen lassen.

Ich kann nur zuschauen und ahnen, was du erlebst
und wo du dich gerade befindest.
Ich sorge für dich, achte darauf,
dass deine äußere Welt nicht zerfällt,
damit du deine Ausflüge in der inneren Welt
weiter machen kannst.
So folge ich deinen Schilderungen –
wie du auf der Luft gehst und doch noch hier bist.
Vielleicht ist es dein lebenslanger Wunsch, leicht zu sein,
dem du jetzt in Herzensbildern nachgehst.
Flieg mit den Engeln.

Duschen

Er zieht zuerst sie aus und dann sich selbst. Zusammen gehen sie in die Dusche. Er setzt sie auf die eingebaute Keramikbank, auf die er erst ein Tuch gelegt hat. Auf den Fliesen des Bodens liegt eine Matte, damit sie nicht ausrutscht. Er seift sie ein und spült sie ab, sie kann beides nicht mehr. Zum Schluss legt er seine Arme von hinten um ihren stehenden Körper, hält sie, weil sie nicht mehr als ein paar Sekunden alleine stehen kann, und stellt sich mit ihr unter den Strahl der Dusche. Er möchte es sie so fühlen lassen, wie sie es sonst immer gefühlt hat, diese Wärme des Wassers, das den Körper hinunterläuft. Ganz vorsichtig leitet er sie zum Abtrocknen aus der Dusche. Letzte Woche schaffte er es nicht, sie abzutrocknen, sie sackte zusammen und er konnte sie gerade noch nass in den Rollstuhl mehr stoßen als setzen. Diesmal geht es besser und er kann sie trockenreiben und ihre Haare ein wenig föhnen. Das Bett hat er schon vorbereitet mit einem Handtuch und einem warmen Heizkissen unter der Decke. Erschöpft, aber glücklich, es wieder geschafft zu haben, liegt sie im Bett. Jetzt kann er duschen gehen. Als er aus der Dusche kommt, schläft sie fest.

Verlorene Zeiten

Vielleicht ist deine Demenz
der sanfte Abschied von dieser Welt.
Dann aber merke ich, wie schwer es dir fällt,
nicht mehr die Welt umfassen zu können wie früher.

Geblieben ist deine Sehnsucht nach Menschen,
nach Begegnungen, in denen die Sachen,
die du geliebt hast, auftreten und noch viel Bedeutung haben:
ein freundliches Wort, das tiefere Forschen nach Sinn,
der rege Austausch über den Zustand der Welt,
das Singen in Gemeinschaft,
die Liebe zu unserem Kreis von Suchern.

Auch wenn du manches nicht mehr kannst,
erinnerst du dich daran, trägst lebendige Bilder in dir
von Zeiten, als du es noch konntest und liebtest.
Es reicht dir, nur die Anklänge an früher wahrzunehmen
wie eine kleine Rückkehr zu Zeiten des Glücks.

Und doch verstehe ich
unser beider Trauer über Zeiten,
die für immer fort sind.

mit Ingrid, Ulrichs Schwester

Deine Welt

Manchmal kann ich
deinen Blick nicht deuten,
du bist in dir unterwegs
und kannst nicht mitteilen,
was du erlebst.

Du schließt mich aus, ohne es zu wollen.
Ich muss lernen, mich nicht ausgeschlossen zu fühlen,
und mich mit Fragen an dich
hineinzutasten in deine Lewy-Body-Welt
oder es anzunehmen, dass es ganz deine Welt ist.

Schweigend

Heute ist die Stille besonders tief.
Sie umgibt meine Schreibhand,
will die Finger erfüllen,
will auf dieses Papier fließen,
weil sich in ihr die Welt gestaltet.
Ich sehe nur schweigend zu
und falle in die Freiheit,
nichts zu sagen zu haben
angesichts deines Schweigens
von weit weg.

Tränen erlauben

Über mir schwebt wie ein dunkler Vogel die Angst,
dass du mich irgendwann nicht mehr erkennst
und ich mich als Fremder, vielleicht sogar für dich bedrohlich,
in deinem Leben bewege.

Schon jetzt prüfe ich meine Reaktion.
Ich werde nicht erschrecken, weil ich es mir vorgestellt habe.
Ich werde dir keine Schuld für deine Vergesslichkeit geben.
Ich werde den gnadenlosen Gang der Dinge spüren
und ihn annehmen.
Ich werde mir nicht erlauben, dass du mir fremd wirst,
nur weil du mich nicht mehr denken kannst.
Ich werde meine Erinnerungen auf dich übertragen
und vielleicht wird es reiche Erinnerungen in dir wachrufen,
sodass sie sekundenlang als Lichtblicke aufleuchten.

Aber im Stillen, wenn ich alleine bin,
werde ich tief durchatmen
und mir Tränen erlauben,
Geliebte.

Ich trenne dich von deiner Krankheit

Ich spüre deine Nähe im ganzen Haus.
Du bist überall gegenwärtig,
selbst wenn du eine Etage höher
und am andern Ende des Hauses schläfst.
Manchmal möchte ich diese Gegenwart loswerden.
Nicht dich, aber die Gegenwart deiner Krankheit,
die immer enger mit dir verbunden ist.
Es gibt Tage,
da kann ich die Krankheit und dich nicht trennen.
Die Krankheit fließt über, berührt und verändert alles.
Sie behindert und verkleinert auch mich,

bis

ich erkenne, dass du auch jetzt noch
eine Person ohne die Krankheit bist,
auch wenn die Krankheit
dich manchmal ganz einzunehmen scheint.
Heute unterscheide ich euch,
du bist nicht deine Krankheit,
du existierst auch ohne sie.
Ich schaffe einen Raum für dich,
in dem du bist, wie du immer warst.
So rette ich dich und mich.
Plötzlich bist du wieder ein Mensch.
Der Krankheit erlaube ich,
dass sie sich zeigen darf,
ohne uns zu bestimmen.

Nochmal die Liebe

Er fragt sich jetzt öfter, ob seine Zuwendung und Liebe bei ihr ankommt. Oft kommt wenig zurück. Hat sie Mühe, das zu erkennen, was er ihr schenkt, oder ist es eine gewissse Unfähigkeit von ihr, die passende Reaktion zu finden, auch die Wörter zu finden, die ausdrücken, was sie empfindet? Oder empfindet sie weniger als früher?

Was ihn dabei auch interessiert, ist seine Fähigkeit, Liebe zu schenken, wenn nichts oder wenig „zurückkommt". Er kennt den Gedanken von Meister Eckhart, dass die Liebe *ohne Warum* sein muss, dass sie also nichts erwarten darf, dass wir nicht lieben, weil wir davon einen Vorteil gewinnen. *Aber ist Liebe nicht grundsätzlich eine Beziehungssache, ein Austausch?,* fragt er sich immer wieder. Er spürt, wie er umgeben ist von einer Welt, die das so sieht. Auch in der Liebe werden Deals gemacht: Ich liebe dich, wenn du mich liebst.

Jesus sagt an einer Stelle: „Wenn ihr nur die liebt, die euch lieben, welchen Lohn könnt ihr dafür erwarten?" Es ist also nichts Besonderes, zu lieben, wenn man wiedergeliebt wird. Er steigert es dann noch und sagt, dass wir unsere Feinde lieben sollen. Also nicht nur da zu lieben, wo nichts zurückkommt, sondern da, wo unserer Liebe Hass entgegenkommt. Das ist qualitativ eine ganz andere Liebe. Es ist darum sein Bestreben, seine Liebe von dem losgelöst zu leben, was der andere damit macht. Das ist die Hohe Kunst der Liebe. Er kann sie jeden Tag üben. Und gerade heute kam viel von ihr zurück. Er hat es besonders dankbar aufgenommen.

Gruppe

Wieder ein Treffen mit der geschlossenen Gruppe *Unterwegs* auf Zoom. Wenn alle da sind, sind sie zu acht. Alle freuen sich, wenn sie auch zugegen ist, auch wenn sie manchmal kaum etwas sagt. Ihre Gegenwart verändert das Treffen. Häufig liegt sie so hinter ihm auf der Couch in seinem Arbeitszimmer, dass sie den Bildschirm und die anderen Teilnehmer sehen und hören kann. Es passiert immer wieder, dass alle denken, sie sei eingeschlafen, wenn sie plötzlich redet und fragt, was mit einem gewissen Beitrag gemeint worden sei. Sie ist noch da, nicht nur äußerlich. Sie will nichts verpassen, auch wenn der Schlaf ihr manchmal ein Schnippchen schlägt. Auch wenn sie öfter mal darüber spricht, dass sie sich freut, endlich *gehen* zu können, diese Welt hinter sich zu lassen, so ist sie doch noch in dieser Welt und nimmt Anteil an dem Geschehen.
Und die anderen sieben? Sie versuchen, hinter ihre Worte zu hören, zu ahnen, woher ihre Gedanken kommen. Die Sorgfalt der sieben im Umgang mit ihr ist zu spüren. Es gibt viel unausgesprochene Liebe, viel Vorsicht, Nachsicht und Wohlwollen. Sie spürt es und ist ganz sie selbst, wie sie jetzt ist. Sie versteckt sich nicht.
Ihm kommt dabei immer wieder die Frage, was letztlich der Wert oder der Beitrag eines Menschen ist. Sind es unsere schlauen Meldungen, unser sprühendes Temperament, unser Wissen oder gibt es etwas, was nicht zu fassen ist? Ist es unser Wesen, das wir in die Welt geben? Und was heißt das?

Entscheidungen

Er übernimmt jetzt immer mehr Entscheidungen. Bisher hat er sie bei fast allem einschalten wollen, hat sie immer wieder gefragt, was sie anziehen will, welche Leggings, welchen Pullover dazu und welchen Anhänger. Und was sie essen möchte und wie viel. Mit ihrer wachsenden Demenz versteht sie manchmal die Frage nicht mehr und er entscheidet dann. Etwas in ihm sträubt sich dagegen. Er will ihr die Selbstständigkeit nicht nehmen. Er versucht ihr die Schönheit der Wahl zu erhalten, aber oft geht es nicht mehr anders. Manchmal muss er auch „körperlich" werden, etwa wenn sie im Begriff ist, sich genau neben den Rollstuhl zu setzen. Dann schubst er sie im letzten Moment, sodass sie im Rollstuhl landet und nicht halb daneben. Sie mag es nicht, fühlt sich respektlos behandelt. Er versucht es ihr zu erklären, aber sie reagiert nur auf den Schubs. Er versucht solche Situationen zu umgehen, indem er sie schon von Anfang an mit einkalkuliert, aber der Schubs steht im Raum. Es ist ein immer häufiger auftretender Auslöser für ein Missverständnis. Er sieht den größeren Rahmen, sie sieht oft nur den Moment. Dass er sie sonst, vielleicht auch gerade eine Minute zuvor, liebevoll umsorgt hat, ist in dem Moment für sie verschwunden. Er ahnt, dass sich diese Situationen häufen werden, und sucht nach Auswegen, Hilfsmitteln, nach überzeugenden Erklärungen. Wo früher noch eine liebevolle Erklärung ausgereicht hätte, ist heute die Handlung für sie wichtiger als alle Erklärungen. Und für sie gibt es häufig nur *ihre* Deutung. Er begreift es besser und sucht nach Möglichkeiten, diese Situationen zu vermeiden.

Ohne dich

Ohne dich in dem breiten, doppelten Bett
werde ich alleine liegen

... brauche ich dich nicht zum Essen zu rufen,
weil du nicht kommst
und ich dich in dem Rollstuhl nicht zu holen brauche

... kann ich dir nicht die neue Mail vorlesen,
auch wenn du darin gegrüßt wirst
und der Schreiber gerne von dir selbst hören würde

... kann ich dir das neue Gedicht nicht zeigen,
auch wenn es wirklich gelungen ist
und du es auch mögen würdest

... kann ich dich nicht mehr pflegen und dir nahe sein,
auch wenn es manchmal schwer war

... warte ich doppelt so lange,
bis eine Wäsche wieder fällig ist,
weil deine Sachen nicht dabei sind
und nie wieder sein werden

. . . höre ich nicht von deinen Träumen
und deinen Lewy-Body-Halluzinationen,
in denen du mich einlässt in deine Welt,
in der du zuhause bist wie ich in dieser

Schon jetzt spüre ich den Geist des Verlustes,
weiß aber nicht, wie ich damit umgehen werde
in einem Haus ohne hörbares Gespräch,
aber mit einem ständigen Austausch.

Auch ohne dich
werde ich nicht ohne dich sein.

Gib dein Sterben nicht weg

Vielleicht ist deine Demenz die Kunst, das Sterben zu üben.
Ich weiß, dass du weißt, dass es so ist.
Ich will dich in dieser herben Kunst stützen,
wie man einem Maler Farbe und Pinsel reicht,
einem Bildhauer die losgeschlagenen Steine wegräumt
oder einem Schriftsteller ein Ereignis schildert,
das in seine Geschichte passen mag.
Ich will dir helfen, den Fluss des Lebens darin zu sehen.

Wir sind zusammen unterwegs in diesem Unternehmen,
aber ich will dir nicht sagen, was du tun sollst.
Es ist dein Sterben, gib es nicht weg.
Ich lerne mein eigenes Sterben durch dich, neben dir.

Nichts, was wir jetzt tun, ist umsonst getan.
Alles ist Teil der Entwicklung.
Jeder Schritt, jeder Verlust macht uns vollständiger
und fügt der Welt etwas bei,
auch wenn wir es nicht ganz verstehen
und es manchmal unerträglich schmerzhaft ist.
Und dann ertragen wir es doch.

Verzagtheit

Heute spürt er ihre Verzagtheit. Es ist keine Verzweiflung, aber eine tiefe Trauer, die nicht ganz nach oben durchdringt. Sie lebt in ihr, ohne dass sie sie ganz zu verstehen scheint. Verzagtheit ist die kleine Schwester der Verzweiflung. Er fragt sie, ob sie Angst vor dem Sterben hat. Sie antwortet ganz deutlich mit *Nein.*

Er spürt, wie dünn der Belag der Sicherheit auf dem Leben ist. Ganz leicht ist er abgekratzt und dann liegen wir nackt da, den Elementen in uns und um uns ausgesetzt. Und in uns stehen die Fragen wieder auf, wie sie es ein Leben lang getan haben: *Woher kommen wir und wohin gehen wir? Was ist gültig und bedeutend? Sind wir eingebettet in etwas Größeres, Umfassenderes, in dem wir eine Bedeutung, einen Sinn und vielleicht sogar einen Auftrag haben?*

Er stellt sich diese Fragen klar und deutlich, durchdenkt sie, findet Antworten, verwirft sie wieder und sucht weiter. Sie fragt sich diese Fragen auch, aber nicht mit dem Kopf, sondern mit ihrem Wesen, mit ihrer Unsicherheit, mit ihrem Bedürfnis nach Verständnis und Einsicht, die sie nicht nur denken, sondern auch fühlen möchte. Da können sie sich treffen, wenn auch nicht unbedingt in einem klaren Gespräch, wohl aber, indem sie ihre Wesen zueinanderfließen lassen. Da gibt es dann ein unausgesprochenes Einvernehmen, das sich manchmal nur in einem Berühren der Hände ausdrückt. Dahinter steht ein Leben des fast ständigen Austauschs.

Wortlos stellen sie beide fest, dass sie am Ende größer sind als ihre Verzagtheit. Sie dürfen sie zugeben und sie damit soweit überwinden, dass sie mit ihr leben können. Sie sind ins Leben Geworfene. Das zu wissen, stärkt sie. So halten sie es aus.

Hinter allem

Auf der Suche nach etwas stößt er auf ein Bild, das er von ihr gemacht hat, als sie 45 war. Und plötzlich ereignet sich in der Diskrepanz zwischen ihrem schmalen, leichten, knochigen Körper von heute und dem Bild von vor 40 Jahren – die Zeit. Er denkt, die Zeit ist nicht nur Stunde, Tag und Jahr, sie ist auch der Verfall eines Menschen. Sie ist das unaufhaltsame Zugehen auf den Tod. Für ihn ist es ein schwerer Gedanke, weil er das Leben liebt. Sein ganzes Leben hat er mit seinen Berufen das Leben gefeiert: mit den Gedichten und Romanen, in denen er das Leben im Großen und im Kleinen gefeiert hat. Und in seiner Fotografie, die ihn die Schönheit der Welt hat festhalten lassen und die er immer noch weiter ausüben könnte.

Vielleicht ist es wie bei einem guten Bildhauer, der die Figur aus dem Stein befreit, in dem sie seit Urzeiten gefangen war. Er denkt, *so verlieren wir unsere Schönheit, unsere Attraktivität, unsere Zeitlosigkeit, die auch in den besten Fällen nur 80 oder 90 Jahre anhält – und die gefangene Figur darf sich zeigen. Noch haben wir uns nicht daran gewöhnt, dass alles, was unsere Figur gefangenhält, abgetragen werden muss.* Er begreift, dass trotz seiner großen Liebe zum Leben es immer darum geht, was dahinter liegt. Hinter allem. Aber genau das weiß er nicht. *Es ist auch nicht wichtig.* Wichtig ist, dass er denkt und an kein Ende kommt. Nie, nicht in diesem Leben, in dem es immer etwas dahinter gibt.

Und gleich daneben erinnert er sich an die Bluse, die sie auf dem Bild trägt – in verschiedenen Brauntönen. Es ist 40 Jahre her. Er erinnert sich an viele ihrer Kleider, die sie selbst genäht hat, und an vier Strickjacken, die sie einmal besaß und die mit ihren Farben in ein Gedicht eingegangen sind: *himmel, liebe, frühling und erde* in seinem zweiten Gedichtband *gurluana,* mit dem er sie zur Hochzeit überrascht hat. Auch das ist eine Wirklichkeit, die Glück bedeutete, das bis heute reicht.

Waltraud mit 45

Im Anschauen des Meeres

Das Meer, auf das ich jeden Tag schaue,
zieht in mich hinein, durchwirkt mich mit seinen Tiden.
Ich reiche es dir weiter in deine Demenz.
Dort soll es sich Platz machen.
Ich sehe dein Glück, unendlich weit sehen zu können.

Am Horizont schickt sich die Sonne an zu sinken.
Sie wird die oberen Wolkenschichten erleuchten,
und wir könnten sie wieder einmal – wie oft noch? –
über Vancouver Island untergehen sehen.

Es ist, als hätte sich nichts verändert
in den letzten fünf Jahren. Vielleicht ist es ja so,
und das Leben nähert sich uns
gerade in deiner Krankheit auf andere Weise,
um uns wach zu halten für die Erkenntnis,
dass wir Geist sind.

Wenn Momente genügen

Ganz im Moment sein

Vor mir ist das Rechteck eines Fensters,
mit Wolken darin gefangen,
die gerade in der untergehenden Sonne
ihre kupferne Farbe verlieren.
Du liegst neben mir auf dem Kissen,
du hast die Augen geschlossen,
deine immer noch leuchtend-blutige Wunde
am Schienbein erinnert mich
an deinen doppelten Sturz vor fünf Tagen.
Vor einer Stunde habe ich die Wunde neu verbunden,
so behutsam ich konnte.
Auch dem Fortschreiten deiner Krankheit
ist in diesem Moment Einhalt geboten.
Sie hat keine Wirkung auf diese Gegenwart.

Über allem die Stille, die keine Zeit kennt.
Auch das Meer meldet sich nicht,
hält sogar seine sanfte Brandung zurück.
Ich merke, wie ich den Moment bewohne.
Er ist wie eine Hand, in der ich liege.
Die Geborgenheit kommt von der Zeitlosigkeit,
Vergangenheit und Zukunft haben nichts zu sagen,
sie sind aus meinen Gedanken verschwunden
und ich ahne, dass ich immer nur den Moment habe,
das ewige Jetzt, auch wenn ich alles
nach gestern, heute und morgen einteile.

Jetzt, wo ich meine Gedanken aufschreibe,
flüchtet der Moment, die Zeit holt mich zurück
und unterwirft mich wieder ihrem Ablauf.
Einen Augenblick war die Furcht vor der Zukunft fort
und das Glück meiner Erinnerungen war gegenwärtig.
Ich sah nur, was ich sah, und spürte nur, was ich spürte.
Ich war der ohne Vergangenheit und ohne Zukunft.
So leicht war ich. Ich hätte fortschweben können.

Wenn Momente genügen

Viele Jahre habe ich mich bemüht,
ein erfülltes, durchtragendes Glück zu leben,
aber ich bin immer wieder gescheitert.
Jetzt versuche ich auch diese Krankheit
irgendwie zu erfassen und merke doch,
dass es unmöglich ist und mir bestenfalls
nur Momente geschenkt sind, die wirklich zählen.
Ich berühre dich an deiner Schulter,
ich küsse deine Haare, ich lese dir etwas vor,
ich bereite dir ein Essen, ich füttere dich,
ich verbinde dich auf FaceTime mit den Kindern,
ich schiebe dich im Rollstuhl die Straße entlang
und etwas durchfährt mich:
Es ist das Glück des Moments,
das getrennt von der Vergangenheit
und abgeschnitten von der Zukunft existiert.
Es ist das, was uns jetzt noch gegeben ist.
Einen Augenblick hält die Zeit an
und ich spüre einen Anflug von Ewigkeit,
ich spüre das Ganze, was es auch sein mag.

Vielleicht kann ich den Moment ausdehnen,
ihn strecken und mich von ihm begleiten lassen
für ein paar Minuten oder durch den ganzen Tag.
Auch du scheinst es zu spüren.
So fallen wir beide in das Glück des Augenblicks
und sind voller Dankbarkeit und voller Staunen,
dass das noch möglich ist.
Du entkommst einen Augenblick deinem Gefängnis,
bist groß und wunderbar lachend gemacht.
Noch sind wir hier, ahnen aber schon Ewiges.

Nicht zu wissen

Nicht zu wissen, was als Nächstes kommt,
ist eine Erinnerung an die große Unwissenheit,
die von der Demenz verstärk wird.
Mit ihr kommt die Unberechenbarkeit.
Wirst du dich beim nächsten Sturz verletzen?
Wirst du irgendwann die Sprache ganz verlieren?
Wirst du immer langsamer
auf meine Worte und auf meine Zuwendung reagieren?

Früher hatte ich mein Leben fest in der Hand.
Ich konnte die meisten Abläufe bestimmen
und habe oft schon gewusst,
was der nächste Tag bringen würde.

Jetzt gilt es,
mich an Überraschungen zu gewöhnen,
welches ein Widerspruch in sich ist,
und dann auch wieder nicht.
Dieses Schweben auszuhalten, diese Unsicherheit,
und daraus eine ganze Welt zu bauen,
in der die Handgriffe fest sind
und Wörter nur vorläufige Chiffren sein können
für das Kritzeln und Schönschreiben der Seele.
Und immer wieder in der Luft hängen zu lassen,
was sich nicht voraussagen lässt –
den Moment zu entfalten wie ein großes Geschenk.

Deine Haare

Deine Haare, wie die eines Engels,
liegen blondweiß auf deinen Schultern.
Ich kämme sie dir jeden Morgen
und binde sie meistens zu einem Pferdeschwanz,
seitdem sie annähernd lang genug dazu sind.
Ab und zu tue ich dir dabei weh.
Dein *Au* klingt erst vorwurfsvoll,
aber inzwischen weißt du,
dass ich so vorsichtig bin wie möglich.

Es ist, als würden die Haare alte Zeiten festhalten
und uns noch einmal daran erinnern, wie es war,
als wir uns kennenlernten.
Bittersüß sind diese Erinnerungen,
so für immer fort die Tage.

Ich kann mich von dem Verlust überrollen lassen
oder hier in der Gegenwart bleiben und üben,
die Erfüllung in diesen Momenten zu erkennen,
so schwer und schmerzhaft sie auch sein mögen.
Ich bin dazu fähig.
Was immer auch geschieht –
ich kann die Gegenwart annehmen und bewohnen.

Verbunden

für Waltraud

Wenn du jetzt an manchen Tagen überlegen musst,
wer ich bin, wenn auch nur für einen Moment,
selbst, wenn ich dir vertraut bin,
dann muss auch ich mich neu bedenken,
verändere ich mich für dich doch auch,
wenn deine Erinnerung nachlässt.

Wir sind verbunden in unseren Körpern –
ich helfe dir beim Anziehen und Ausziehen
und decke dich mehrmals am Tag zu.
In ein paar Wochen werden es 55 Jahre sein,
dass ich dich in Hamburg zu einem Konzert einlud,
und ein paar Monate weniger,
als sich unsere Hände zum ersten Mal berührten,
voller Zittern und Hoffnung.

Unsere Seelen erkennen sich in der Schnittmenge,
in der wir schon lange das Verständnis füreinander üben.
Du hast mich geformt bis in die tiefsten Ecken meines Wesens,
ich habe dich geliebt und erlitten, so wie du mich,
weil beides wichtig war auf dem Weg ins Licht.

Wir sind verbunden über unseren Geist
und werden es bleiben, sind wir doch verwandt
in unserer Sehnsucht nach Freiheit,
beseelt vom großen Unternehmen Leben.

Wenn du mich verlierst, oder ich dich,
in den Windungen des Gehirns
oder beim Schritt über die harte Grenze,
haben wir immer wieder auf unsere ganz eigene Art
für Momente dennoch eine Insel der Liebe im großen Meer
der Einsamkeit geschaffen.

Lucas

Er hört sie auf der Haussprechanlage oben mit Lucas reden. Lucas kommt seit Jahren in großer Treue, sogar in Corona-Zeiten. Ihr ist es auch jetzt noch wichtig, wenigstens einen Mann außer ihrem eigenen zu treffen. Solange er sie kennt, war es ihr wichtig, dass Männer und Frauen im lebendigen Gespräch miteinander stehen. Weder Demenz noch Corona hält sie davon ab. Sie sah in diesen Gesprächen immer einen Teil der Lösung vieler Probleme in der Gesellschaft. Sie sieht es immer noch so und freut sich über den Besuch von Lucas. Und Lucas lässt sie nicht im Stich, auch wenn das Gespräch manchmal schwer ist. Er ist bis jetzt geblieben.
Sie und er wissen, wie wichtig dieser soziale Kontakt ist, wie dieser dazu beiträgt, sie in ihrer Krankheit am Leben zu halten.

mit Lucas, einem guten Freund in Gibsons

Der Junge

Seit Tagen träumt sie oder hat sie Halluzinationen von einem kleinen Jungen. Er begegnet ihr immer wieder, ist im Schlafzimmer, liegt sogar im Bett neben ihr. Er ist etwa drei oder vier Jahre alt, sagt sie.

Um Mitternacht ruft sie auf der Haussprechanlage, dass er doch kommen soll, der Junge ist wieder bei ihr gewesen. Er geht zu ihr und erklärt ihr, dass der Junge nicht da ist, dass er nicht kommen darf in Corona-Zeiten.

Aber du hast ihn doch gestern auch gesehen, sagt sie.

Er sagt: *Nein, er ist nur in deinem Kopf und da kann ich ihn nicht sehen.*

Bestürzt sagt sie: *Ich bin verrückt.*

Er antwortet ihr: *Nein, du bist nicht verrückt, es sind nur Träume und Visionen, in denen der Junge erscheint. Grüß ihn von mir, wenn du ihn wieder siehst.*

Sie lächelt. Er hofft, dass sie wieder einschlafen kann. Wieder zurück in seinem Arbeitszimmer, hört er sie auf der Anlage gleichmäßig atmen.

Er fragt sich: *Was, wenn sie in der anderen Welt, wo der Junge ist und wo schon viel für sie passiert ist, verlorengeht oder sie ganz freiwillig dort bleiben will?* Er weiß, dass er damit umgehen wird, wenn es geschehen sollte.

Manchmal ist das,
was wir uns vorstellen,
wichtiger als das,
was um uns existiert.
Das Herz sieht anders.

Dein Blick

Es gibt immer wieder Momente,
da kann ich deinen Blick nicht mehr deuten,
wie ich es sonst meistens konnte.
Es verunsichert mich.
Wenn ich dich frage, weißt auch du nicht,
was in oder hinter deinem Blick war.
Wir müssen es nicht klären.
So findet manchmal auch unsere persönliche Welt
ohne unser Begreifen statt und wir stehen plötzlich
dem Unnennbaren gegenüber.
Wir sind Teil des Mysteriums.

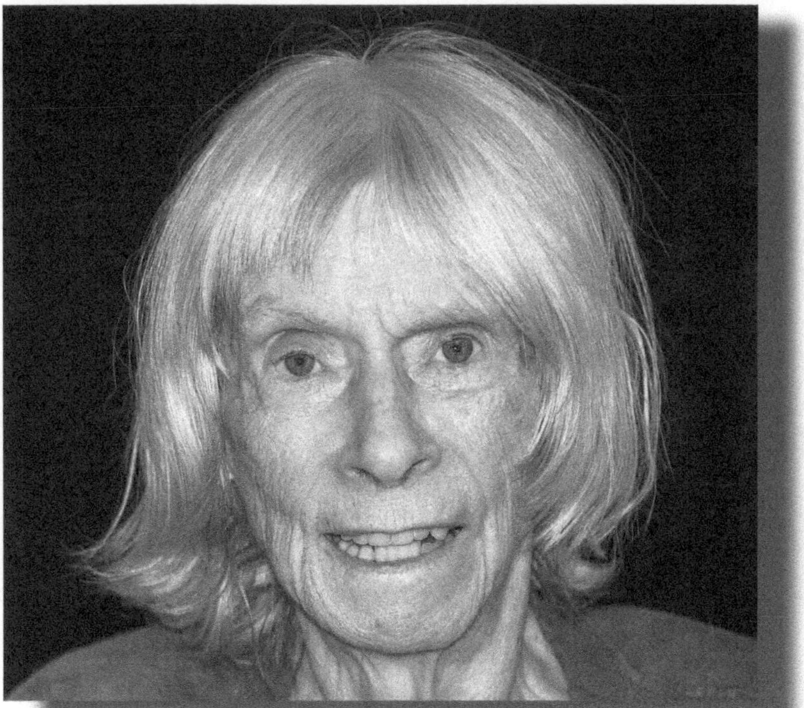

Abgebrochene Sätze

Du beginnst einen Satz mit Hoffnung.
Du hast dir alles zurechtgelegt, dann löst sich alles auf
und du findest nicht zurück zu dem, was du sagen wolltest.
Es passiert zehn-, 20-, 30-mal am Tag,
aber du beginnst immer wieder neue Sätze.
Du willst deinen Gedanken fertigstellen,
du willst sagen, wie es dir geht.
Du willst dich nicht von der Vergesslichkeit
bevormunden lassen.

In dir muss es eine Schatzkammer geben
von nicht zu Ende formulierten Gedanken,
von Blicken in Zusammenhänge,
von Worten, unsagbaren Worten.
Ich ehre dein Schweigen,
aber sag mir, ob der Tag heute
ein guter Tag für dich war, trotz allem.

mit Kira, der älteren Tocher, auf Saltspring Island

Füttern

Er füttert sie heute zum ersten Mal, mit Ausnahme des Krankenhausaufenthaltes im letzten Jahr. Sie weiß nicht mehr genau, wie das Essen geht. Er muss sie oft bitten, den Mund aufzumachen. Ihre linke Hand liegt immer wieder auf dem Marmeladenbrot. Sie isst nur wenig. Er will sie überreden, indem er sagt, dass sie die 35 Kilo, die sie jetzt wiegt, nicht unterschreiten darf. Sie scheint es nicht zu verstehen. Sie nimmt keinen Blickkontakt auf, sie schaut halb zurück, wo nichts ist. *Will sie nur mich nicht ansehen?*, fragt er sich. Sie ist sehr müde, auch wenn sie 13 Stunden geschlafen hat. Vielleicht ist es das. Aber es fällt ihm schwer, es so anzunehmen. Er will immer wieder zurück zu der Kommunikation, die sie einmal hatten, auch wenn er weiß, dass das oft nicht möglich ist. Und doch will er es. Sie haben davon gelebt. Auf eine stille Weise begehrt er so gegen ihre Demenz auf. Dieses Aufbegehren ist immer knapp unter der Oberfläche, aber daneben existiert auch gleichzeitig die Bereitwilligkeit loszulassen, was nicht mehr geht. Zwischen diesen beiden Polen bewegt er sich. Er erkennt in dieser Spannung sein Leben jetzt.

Akzeptieren

Ich akzeptiere,
dass heute dein Gehirn
84 Jahre alt und erschöpft ist.

Es hat ein Leben lang inständig versucht,
dem Leben erst einen Sinn abzugewinnen
und später dann einen Sinn zu setzen.

Du hast dich dabei verausgabt, entkräftet, erschreckt,
hast es dir nicht leicht gemacht,
sondern hast alles hundertmal hin- und hergewälzt.

Ich akzeptiere,
dass du heute erschöpft sein darfst
in einer Welt, die immer schneller lebt.

Vergib mir, wenn es mir nicht immer gelingt,
mich in deine verlangsamte Welt zu begeben.
Ich lebe noch in der Welt,
in der alles schnell gehen muss.

Präsenz

Er versucht ihr zu vermitteln, dass sie noch eine Ich-Präsenz in seinem Leben ist. Er erzählt ihr von sich, beschreibt, was er tut, mit wem er verbunden ist, welche Gedanken ihn beschäftigen. Er fragt nach ihrer Meinung, nach dem, was sie fühlt, wie sie etwas versteht, was sie von der Weltlage hält und vieles mehr – alles Herausforderungen, die ihr die Chance geben, sich selbst zu begegnen und nicht in ein großes Loch in ihr selbst zu fallen. Er versucht eine Art gemeinsames Land zwischen ihnen beiden zu schaffen, ein Land, in dem sie leben können. Er würde gern wissen, ob er damit Zeit gewonnen hat, ob er die Demenz mit so etwas verlangsamen oder gar aufhalten konnte. Oder geht die Krankheit ihren Gang, ohne dass jemand sie aufhalten kann? Das will er nicht glauben.
Er will nicht glauben, dass alles nur Materie ist und, wenn diese Materie nicht mehr perfekt funktioniert, der Mensch verschwindet oder zum Teil verschwindet. Er glaubt, dass dieser Mensch, sein Gegenüber seit Jahrzehnten, noch da ist, wenn auch nicht mehr mit denselben Fähigkeiten.
Manchmal spürt er tief innen, dass er es erzwingen will – dass die Krankheit ihm zu Willen sein muss. Er weiß, dass er da zu weit geht, aber er will zu weit gehen. Er will es wissen. Lieber versuchen und verlieren, als nicht zu versuchen. Er weiß, wie stark unsere Seele und unser Geist sind und wie sie Welt in uns und um uns gestalten können. *Warum also nicht denken, dass wir auch einen Zustand, eine Krankheit gestalten und steuern können?* Beonders in Corona-Zeiten denkt er oft an das Jesuswort: *Die Zeichen aber, die da folgen werden denen, die da glauben, sind die: ... in meinem Namen werden sie Schlangen vertreiben; und so sie etwas Tödliches trinken, wird's ihnen nicht schaden; auf die Kranken werden sie die Hände legen, so wird es besser mit ihnen werden.* In der Aussage ist unsere innere Welt wichtiger als die äußere. Er spürt, dass er eine Art „Gegenwelt" in sich schaffen kann, die nicht total den äußeren Umständen unterworfen ist. Aber wie weit reicht die Kraft dieser Gegenwelt?

Tür zur Welt

Du sollst nicht gefangen in dir selbst sein.
Nimm mich als Tür zur Welt,
die wie vorher weiter existiert
in ihrer Buntheit und Kompliziertheit.

Komm, ich mache dir die Tür auf.
Ich nehme dich an der Hand.
Spüre mich, traue mir,
wenn ich dich in das leite,
was früher dein Glück war.

Nimm meine Augen, meine Ohren,
meine Fähigkeit zu beurteilen
und hänge dich ein wenig bei mir an.

Du darfst es
und verlierst dadurch nicht deine Eigenständigkeit.
Zusammen werden wir Wege finden,
immer wieder neu.

Zu Bett gehen

Weil sie jetzt immer unklarer spricht, die Wörter nicht deutlich artikuliert, lehnt er sich oft vor, um sie zu verstehen. Er will nicht immer wiederholen, dass er sie nicht verstanden hat, will ihr nicht den zeitweiligen Verfall ihrer Sprache spiegeln. Manchmal braucht er auch nur ein Wort zu verstehen und den Rest ahnt er. Er trägt jetzt öfter sein Hörgerät, auch wenn es nur begrenzt hilft.

Er hat lange den *Healing Code* nach Alexander Loyd über ihr beim Zubettgehen gesprochen, manchmal zu Arvo Pärts Musik *Spiegel im Spiegel.* Jetzt reden sie mehr miteinander und er fragt sie oft, wie der Tag war. Und sie sagt meistens, dass er gut gewesen sei. Manchmal ist sie sogar begeistert über das, was geschehen ist, über das, was möglich war. Dann lehnt er sich vor und küsst ihre linke Wange, schaut, dass die Bettdecke gut auf ihr liegt, die Füße bedeckt sind, und geht dann ins Wohnzimmer. Kaum ist er dort, hört er schon ihr gleichmäßiges Atmen im Schlaf auf der Sprechanlage, die er an zwei Stellen aufgestellt hat, um sie zu hören. Sie kann ihn auch jederzeit von diesen beiden Stellen rufen, ohne einen Knopf zu drücken, weil sie das nicht mehr konnte. Dann fühlt er manchmal, dass er seine Pflege gut gemacht hat, und sie findet es auch.

Es glückt ihm mehr als früher, mit ihr zu fühlen, aber leidet er wirklich mit ihr? Wäre das gut?

Frage

Ich sage dir,
dass ich verantwortlich
für deine Sicherheit bin,
weil du manche Gefahren nicht erkennst.

Akzeptiere ich,
dass du dagegen aufbegehrst
und dich durch einen Fall verletzt,
oder behaupte ich mich
und gebe dir dadurch das Empfinden,
dass du bevormundet wirst?

Welche Verletzung ist größer?

Keine Insel

Manchmal sind Worte keine Brücke mehr,
auf der ich zu dir gelange.
Sie fliegen durch die Luft
und finden keinen Landeplatz.

Ich sehe dann, wie mühsam
du versuchst, sie zu entschlüsseln.
Sie drehen sich im Kreis wie ein Karussell,
das du nicht anhalten kannst.
Immer wieder fliegt es an dir vorbei.

Zeit, mich zu besinnen,
dass unter dem Wasser, was uns trennt,
Festland mit einer festen Struktur uns verbindet.
Unser Glück liegt im Unsichtbaren.

Ich verlasse mich nicht auf die Worte,
ich gehe auf dem Wasser
im Wissen um das Land darunter.
Wir waren nie Inseln füreinander
und sind es auch jetzt nicht.

In den Schmerzen strecken wir uns aus,
wissend, dass sie Teil des Musters sind,
Teil des Wesens der Welt,
dem wir uns nur zögernd öffnen.
Jetzt ist der Moment gekommen.

Einkaufen

Er muss einkaufen gehen, ist aber unsicher, ob er sie verlassen kann. Er geht noch einmal ins Schlafzimmer, schaut sie in ihrem Schlaf an und hört sie tief und gleichmäßig atmen. Er zieht seinen Anorak an und ist in Kürze im Lebensmittelladen. Er beeilt sich. Er möchte es nicht wieder erleben, wie unlängst, als sie 15 Minuten auf dem Boden im Wohnzimmer lag und nicht aufstehen konnte. Er war auch da nur kurz weg gewesen. Er wagt es wieder. Er will niemanden für eine halbe Stunde bitten nach ihr zu schauen. Er ist schnell wieder da, mit Blumenkohl, Brokkoli, Avocados, Nüssen, Saft, einer Tomatensauce und so manchem anderen. Nach der Rückkehr ist sein erster Gang ins Schlafzimmer. Sie liegt noch genauso da, wie er sie verlassen hat. Es ist gut gegangen. Kleine Freuden, tägliche Herausforderungen. Er denkt, auch wenn sie fallen würde, würde er sich keine Vorwürfe machen. Er hat es auch nicht getan, als sie Tannenzapfen kickend auf der Straße fiel und sich die Hüfte brach. Es gibt keine absolute Sicherheit. Es gibt sie nicht. Es scheint so gedacht zu sein, dass es sie nicht gibt.

Besuch

Sie fragt ihn oft, ob jemand zu Besuch kommt. Ihr ist nicht klar, dass jeder Besuch wegen Corona begrenzt ist. Aber sie hat doch gerade erst mit jemandem in Deutschland gesprochen. *Ach so, das war auf FaceTime. Ach so,* aber sie weiß nicht genau, was das heißt. Manchmal fragt sie eine Stunde später, ob der Besuch noch unten bei ihm im Arbeitszimmer sei. Ihre Welt ist klein und gleichzeitig sehr groß geworden. Alle können hier sein, jederzeit. Was für ein Wunder!

Es geschieht eine Art von Verschmelzung bei ihr. Entfernungen sind aufgehoben, die Zeit auch. Was gestern war, kann auch erst heute gewesen sein. Und vorgestern kann heißen, entweder schon lange her zu sein oder sich gerade ereignet zu haben. Und manchmal sind auch Menschen austauschbar. War das vorhin Angie, Anja oder Naya? Ihre Freunde mit den verwechselbaren Namen.

mit Karolin, Schwägerin

Singen

Noch kommen ihre Freundinnen jede Woche und machen die spirituelle Übung *Latihan* mit ihr. Gemeinsam singen sie, rufen, bewegen sich, reden miteinander, wie sie sich gerade fühlen. Sie macht mit, so gut sie kann. Sie kann sich in dieser Übung fallenlassen, es gibt kein „richtig“ und „falsch“. Die Seele darf sprechen, es geht nicht um verständliche Formulierungen, sondern darum, das zu artikulieren, was von innen aufsteigt. *Latihan* hat Ähnlichkeit mit den Anfängen der Quäker.
Getrennt von *Latihan* singen sie und er öfter deutsche Volkslieder oder Lieder, die sie noch aus ihrer jugendlichen Frömmigkeit kennen. Das Singen macht ihr noch immer viel Spaß und oft hat sie noch drei Verse eines Liedes im Kopf. Die Lieder haben sich tief eingeprägt. Im Singen dürfen die Gefühle und die Gedanken zusammenfließen. Es ist nicht einer strengen Form unterworfen.

Wer entscheidet, ist frei

Mir geht es immer wieder gut, weil ich gesagt habe, mir geht es immer wieder gut. – Waltraud am 9. März 2021

Er findet ihre Stärke erstaunlich. Sie gibt nicht auf, von innen zu leben, ihr Leben in der Hand zu halten. Er hat sie auch schon anders erlebt, als Opfer ihrer Umstände. Aber in der kleinen Zoom-Gruppe im März 2021 formuliert sie plötzlich den obigen Satz. Die anderen sieben in der Gruppe sind überrascht. Es wirkt so, als wenn alle in der Gruppe es sich zu Herzen nehmen: diese Entscheidungsfreudigkeit, diese Sicherheit, die von woanders zu kommen scheint. Sie und er haben Jahrzehnte mit dem Gedanken gelebt – mit der Freiheit, zu entscheiden. *Der, der entscheidet, ist frei* heißt es in einem frühen Buch von ihm. Aber was heißt das jetzt für sie? Hat sie noch den Überblick, zu entscheiden, und darf er sie entscheiden lassen?

Waltraud und, Liz (links) und Kali beim Latihan, Sommer 2021

Ich fotografiere dich

Ich fotografiere dich.
Die Kamera geht zum Äußeren,
ich zum Inneren.
Ich werde die Kamera überlisten,
deine Seele abzubilden.
Dafür muss ich warten,
bis die Seele sich frei gemacht hat
von den Begrenzungen
und wieder fliegen kann,
wenn auch mit schweren Gewichten.
Ich rede leise und locke dich hervor,
du erscheinst.
Wie schön du bist.
Ich drücke ab.

Ein Satz

Ich finde es schwer bei dem Gedanken, zu sterben,
weil ich noch mit so vielen Menschen bin,
die mit dem Sterben nichts zu tun haben.
– Waltraud beim Zubettgehen am 6. Juni 2020

Das Unvorstellbare an uns selbst erleben,
ehe es geschieht, dieses Sichlösen von dem,
was man kennt und liebt.
Als gäbe es keine Luft mehr,
als würde die Welt aus Nichts bestehen
und so, als hätte man die Nähe
zu Freunden nicht gespürt.

Aber dann erinnern wir uns an unsere Freundin,
die dir drei Tage nach ihrem Tod erschien
und nur den einen unvergesslichen Satz sagte:
Ich bin an dem Tag geboren, an dem ich gestorben bin.
Immer wenn wir den Satz wiederholen,
schweigen wir vor dem großen Geheimnis,
das in uns lebt, schon immer gelebt hat,
auch wenn wir es nicht geehrt haben.

Etwas später sagst du, als wäre es ein Nachgedanke:
Innen ist das Leben, außen ist das Leben und der Tod,
der Abschied auch von den anderen.

Durch die Anwesenheit des Todes
wird unser Gehör und Gespür
feinempfindlicher –
wenn wir es zulassen.

Gemüse und Schlagsahne

Sie hätte gerne Schlagsahne auf ihrem salzigen Gemüse. Erst sagt er ihr, dass es nicht passt. Fast meint er damit, dass *man so etwas nicht macht*. Inzwischen holt er die Schlagsahne und bringt das Gemüse zum Schwimmen. Sie genießt es und er sagt ihr: *Halte den Teller dichter unters Kinn, damit du nicht so viel kleckerst. Ich will nicht so oft waschen, weil es das Meer verschmutzt.* Schon während er das sagt, spürt er seine Kleinkariertheit. Sie lebt mit dem stillen Glauben, dass alles mit Schlagsahne besser schmeckt. Wer will sagen, dass sie nicht Recht hat? Aber er will doch noch eine gewisse Ordnung und Ästhetik wahren. Er möchte, dass es noch möglich ist, Gäste einzuladen oder vielleicht zu anderen zu gehen und dort zu essen. Aber wie wichtig ist das? Vielleicht würden die auch gerne einmal Schlagsahne auf ihr Gemüse tun. Es könnte ein neuer Trend entstehen.

Er liebt es, wenn die Tage leicht werden, wenigstens für Augenblicke. *Wie nimmt man der Demenz die Schwere, die Ausweglosigkeit, die Weltendestimmung?*, fragt er sich. *Indem man selbst leicht bleibt, die Verluste nicht überbetont, nichts dramatisiert. Es muss öfter gelingen.*

Hörgerät

Ihre Stimme wird immer leiser. Ist es ihre allgemeine Schwäche? Sie kann nur noch ein paar Sekunden stehen und das nur mit Hilfe. Um sie besser zu verstehen, trägt er jetzt meistens sein Hörgerät. Bisher brauchte er es nur für besondere Situationen. Er versteht sie dadurch besser. Er erlebt es als eine Annäherung an sie: Seine Hilfsbedürftigkeit (das Hörgerät) trifft auf ihre schwache Stimme. So finden sie zueinander. Er sieht darin die Metapher. Unsere Schwächen öffnen uns den Weg zueinander. Unsere Stärken trennen uns häufig. Mit dem Hörgerät tat er sich erst schwer, weil es nicht zu seinem Selbstbildnis passte. Jetzt steht er dazu. Es ist ihm wichtig, sie besser zu verstehen, auch wenn die technische Hilfe manchmal noch nicht ausreicht.

Er weiß, dass zum Hören auch das innere Hören gehört. Da spürt er manchmal seine Ungeduld, wenn sie sich bei Belanglosigkeiten aufhält, so wirkt es jedenfalls für ihn, und er beginnt, nicht mehr genau hinzuhören. Auch wenn das verständlich sein mag, ist es nicht gut. Die Belanglosigkeiten mögen für sie in dem Moment ganz wichtig sein. In ihrer Konzentration auf den Moment haben sie einen anderen Stellenwert. Er will es sich merken und sie nicht mit seinen *großen Gedanken* über Gott und die Welt vergleichen. Er muss darüber lächeln.

Genug

Er hat jetzt öfter das Empfinden, nicht genug für sie zu tun. Dahinter steht der uralte Glaube, dass alles im Leben zu lösen sein muss. Mit genug Denken und Einsatz lässt sich alles meistern. Außerdem ist die Krankheit nicht so schwer. *Wir können uns doch manchmal noch gut unterhalten.* Er findet Gründe und trifft Analysen, wie alles in den Griff zu kriegen ist. Und wenn das nicht gelingt, dann nur, weil er sich noch nicht genug eingesetzt hat. Also den Einsatz verdoppeln. Einen anderen Ansatz finden. Sich besser informieren. Dabei weiß er längst, dass er dieser Krankheit – die er auch immer noch nicht so recht eine Krankheit nennen mag – nicht beikommen kann.

Dann geht ihm auf, dass es nicht um die Beseitigung der Krankheit geht, sondern um Frieden zu schließen mit ihr. Es geht darum, mit und an der Krankheit zu wachsen und sie als Teil des Lebens zu akzeptieren. Es kommt ihm wie eine faule Ausrede vor – weil er den Gedanken von der Unlösbarkeit nicht akzeptieren kann. Und doch weiß er, dass er immer gefordert ist, den Umgang besser zu meistern. Das trifft nicht nur auf diese Situation zu, sondern auf alles im Leben: bei sich zu bleiben und das Unveränderbare anzunehmen, aber das, was verändert werden kann – die Haltung und den Umgang mit dem Schweren und Unveränderbaren – anders zu gestalten.

Es geht nicht
um die Beseitigung der Krankheit,
sondern darum,
Frieden mit ihr zu schließen.

Du, Fremde auf dieser Welt

Immer wieder hat mich der Gedanke bewegt,
dass du eine Fremde auf dieser Welt warst,
mehr als die meisten von uns es sind.
So vieles hast du anders gesehen als andere.
Du wolltest mehr, manchmal Unmögliches.
Du trugst Bilder eines tiefen, unerreichbaren Lebens in dir.
Deine Existenz war eine Art Beweis,
dass es noch eine andere Wirklichkeit geben muss.

Neben den unendlich vielen Berührungspunkten
in der äußeren, fassbaren Welt
haben wir uns auch in dem inneren Reich,
in der differenzierten Innenwelt getroffen:
der Dichter und die Mystikerin.
Allein und gemeinsam fanden wir Worte und Bilder
für die Zustände und Abläufe unseres Lebens
und auch im Schweigen erschloss sich uns die Welt.

Und doch warst du auch frustriert von der Enge der Welt
und von dir selbst und deinen begrenzten Möglichkeiten,
und von mir, von meinem manchmal zu leichten
Verständnis für die geheimnisvollen Zusamenhänge.

Jetzt ist deine Welt hier durch deine Krankheit
noch enger geworden. Oder bist du manchmal schon
in der Welt, die du dir vorgestellst hast?
Ich wünsche es dir.
Vielleicht erlebst du schon etwas von deiner Sehnsucht,
auch wenn es schmerzhaft ist, an der Enge zu leiden.
Aber ich weiß, dass du auch jetzt nicht aufhörst,
in allem nach einer Bedeutung zu suchen,
wenn auch nicht mit Worten.
Ich habe viel von dir gelernt und lerne immer noch
und werde weiter üben, die Welt groß und weit zu machen.

Du bist alle, die du warst

In mir bist du noch alle, die du warst, von der jungen Lehrerin,
die ich auf meiner ersten Reise nach Vancouver kennenlernte,
bis zu der Frau, die nach vielen Ehejahren aufbrach,
um sich allein, ohne mich, in Deutschland einen Freundeskreis
aufzubauen und sich selbst zu entdecken,
weil sie es leid war, immer nur als „die Frau von Ulrich"
gesehen zu werden.
Die Kinder und ich waren stolz auf deinen Mut.

Und dann ist da die Ängstliche, die Herausfordernde,
die Zurückhaltende, die vorsichtige Astrologin,
die gute Töpferin – ich esse noch von deinem Geschirr.
Die liebevolle Arbeiterin mit Holz –
in meinem Arbeitszimmer steht noch
der von dir so gekonnt gearbeitete runde Tisch.
Er wird uns beide überleben.

Ich denke an jede Frau, die du warst. An ihre Wirklichkeit.
Sie begleiten mich auch jetzt noch in deiner Veränderung,
in deiner Reduzierung, in deinem sanften Verschwinden.
Ich trage sie alle in mir – eine bunte Sammlung,
sie unterhalten mich, hinterfragen mich,
sprechen manchmal ganz leise mit mir,
sagen manchmal nur meinen Namen.
Sie alle bleiben wach in meiner Erinnerung.

Wenn du dich jetzt in eine neue Transformation begibst,
füge ich auch die zu meinen Bildern hinzu.
Weil es alles Bilder sind,
muss ich mich nicht von ihnen verabschieden,
sondern kann sie alle als Reichtümer in mir tragen,
über all das hinaus, was noch mit dir geschehen mag.
Ich bin bei dir, so wie du bei mir bist.
Ich halte dich und werde von dir gehalten,
auch wenn du es äußerlich oft nicht mehr kannst.

Pflegen

Er merkt, wie sich seine Pflege für sie von Monat zu Monat, von Jahr zu Jahr verändert. Am Anfang ging er stark von seinen Vorstellungen aus. Er meinte zu wissen, was gut für sie wäre. Jetzt bestimmen ihre Begrenzungen mehr und mehr das, was er tut und was er lässt. Besonders, was er lässt. Ihre täglichen Anfälle, bei denen der ganze Körper durchgeschüttelt wird und sie kurz das Bewusstsein verliert, machen manches unmöglich. Weil sie oft beim Toilettengang passieren, ist es für ihn schon fast eine Kunst, sie auf die Toilette zu setzen, ohne dass sie genau im kritischen Moment am ganzen Körper zittert und zwei oder drei Sekunden später die Kontrolle über ihren Körper ganz verliert und Gefahr läuft, auf die Fliesen des Bades zu stürzen. Es gelingt ihm fast immer, sie noch zu halten, aber er zahlt dafür mit seinem Ischiasnerv. Vor zwei Wochen konnte er sich nicht mehr bewegen und schaffte es zur Nacht gerade noch von der Küche ins Wohnzimmer, aber nicht mehr ins Schlafzimmer. Um zwei Uhr nachts rief er die Erste Hilfe an, aber sie hatten keine muskelentspannende Spritze, um ihm Erleichterung zu verschaffen. Daran denkt er, wenn sie in seinen Händen auf die Fliesen sinkt und er sie nicht aufrecht halten kann. Dann kommt schnell der Gedanke, sie in ein Heim zu geben, aber er wehrt sich gegen diese Option. Er kann sich nicht vorstellen, dass sie dort genug direkte Zuwendung erfahren würde. Noch spürt er, dass es ein persönliches Versagen wäre, sie von anderen pflegen zu lassen. Auch möchte er, dass sie gerade in diesen für sie schweren Zeiten noch wirklich Liebe erfährt.

Er muss jetzt manchmal darüber lächeln, was er noch vor einem Jahr versuchte zu tun. Er empfindet, dass er täglich dazulernt. Das ist jetzt sein Wunsch und seine Pflicht.

Anfänger

Er erlebt sich als Anfänger. Äußerlich und innerlich. Das Pflegen in dieser Art ist ihm neu. Er muss die Handgriffe lernen und dazu die Haltung. Die Handgriffe sind recht leicht, aber die Haltung ist schwerer.

Schon oft hat er eine Art Abscheu, obwohl das Wort es nicht wirklich trifft, vor sich selbst gehabt, vor seiner Unfähigkeit, wirklich ein Liebender zu sein, ohne Einbrüche, ohne Aussetzer. Er verlangt es von sich. Er will kein Anfänger in der Liebe sein und ist es doch. An seiner fehlenden Geduld merkt er es immer wieder. Sie fehlt nicht übermäßig, aber sie ist manchmal einfach nicht da. Für jemand, der zuschauen würde, wäre es kein Drama, aber für ihn ist es das manchmal schon. Langsam schließt er Frieden damit, auch mit seiner Unfertigkeit, mit seinen kindlichen Grenzen, die sogar kindisch sein können. Anfänger zu sein ist, keine Illusionen mehr zu haben. Aber er hätte sie manchmal noch gerne.

So ist ein kurzes, unvollständiges Gedicht entstanden, das er längst als nutzloses Selbstmitleid entlarvt hat. Es war ein dunkler Moment, den er da spürte.

Nach so vielen Jahren
der Verlierer zu sein, gegen sich selbst,
nicht zu wissen, wie man den Widerstand auflöst,
und noch immer nicht über den eigenen Schatten
springen zu können. Ich tauge nur zum Anfang,
das Ende muss jemand anders übernehmen.
Ich bleibe ein Anfänger, der sich nicht kennt,
ein Meister im Misslingen.

Da hatte er das Anfängersein noch nicht akzeptiert. Er fragt sich oft, ob er weiterkommt. Er lernt es, einseitig zu lieben. Es fällt ihr schwer, Ausdrücke der Liebe zu gestalten und Zärtlichkeiten auszudrücken. Ihm fallen sie leicht, aber er merkt jetzt, dass er noch Erwartungen hat. Er will noch wahrgenommen werden, auch wenn es für sie manchmal schwer ist.

Spüren

Er spürt – es ist sogar mehr als ein Spüren –, dass er seine Ambitionen verliert, dies und jenes noch zu erreichen, zu schaffen. Manche seiner Pläne scheinen unerreichbar. Er hat noch die Kraft, vielleicht aber manchmal nicht mehr die Ausdauer, etwas durchzuziehen. Und doch achtet er darauf, dass die Umstände ihm seine Vorhaben nicht abnehmen, sondern dass er sie selbst loslässt. Der Unterschied ist ihm wichtig. Das eine ist die Einwirkung von außen, das andere die Entscheidung von innen.

Er trägt noch einige Romane in sich. Gerne würde er sie noch schreiben, besonders den über den amerikanischen Filmregisseur, der plötzlich die Diagnose unheilbarer Krebs bekommt und sich zurückzieht, um das Sterben zu lernen. Er würde den Roman gerne schreiben, vielleicht auch als eigene Übung dessen, was bald auf ihn zukommem könnte. Aber er sieht kaum die Möglichkeit, weil er dazu ununterbrochene Zeit braucht, die er jetzt nicht hat. Vielleicht ist es auch nicht wichtig, den Roman zu schreiben. Früher hat er das, was ihm einmal durch den Kopf ging, irgendwann auch geschafft. Er hat immer über seinen Namen lächeln müssen. Jetzt ist etwas anderes zu schaffen, denkt er. *Service* war das Wort, das ihm auf seine Anfrage ans Leben kam, wie er seinen letzten Lebensabschnitt verbringen sollte / wollte. Dienen. Ja, dienen, aber vielleicht doch etwas mehr. Er lässt es doch nicht ganz los. Er ist Schriftsteller durch und durch, hat er davon doch seit über 40 Jahren gelebt. Auch ist es seine Selbstdefinition. *Was bin ich ohne mein Schreiben?* Er ist überzeugt, dass er einen Weg finden würde, wenn es dazu käme.

Alles wird tiefer

Er merkt es heute wieder besonders. Das Leben und der Tod. Das Leid, ihr Leid, sein Leid. Die Alltäglichkeiten nehmen eine neue Dimension an. In ihnen verbirgt sich auch Schwere und Tiefe. Jede Kleinigkeit ist ein kleiner Tod, der sich mit allen anderen Toden verbindet. Wenn sie ihm gegenübersteht, merkt er es besonders. Ihre Augen, die nur noch selten den Glanz von früher haben. Manchmal muss er wegsehen. Ihre Gebrechlichkeit. Ihr Nicht-Verstehen, das manchmal auch das einfachste Gespräch nicht mehr möglich macht – wo sie beide früher oft stundenlang reden konnten und die Probleme der Welt hin- und herwälzten.

Manchmal flieht er dann förmlich in die Wörter. Wenn er ein Wort für einen Zustand, einen Blick, eine Erkenntnis findet, gibt es ihm vorübergehend Ruhe. Wenn das, was ihn beschäftigt oder was er gerade gesehen hat, noch schwerer ist, gibt es noch die Wortlosigkeit. Es ist dann, als ob die Stille ihn aufnimmt und ihn tröstet. Er hält die Stille aus.

Es gibt immer noch die dritte Option – nicht mehr an sich zu denken, an seine Not, an seine Verunsicherung. *Was ist mein Leid im Vergleich zu ihrem?*, fragt er sich dann. Wenn er mutig ist, stellt er sich vor, wie es ihm gehen würde, nicht mehr klar denken zu können, nicht mehr verstehen zu können, was jemand sagt, der einem lieb ist. Es trifft ihn dann wie eine Lawine. Es ist in gewisser Weise unvorstellbar. Er kann dann beten, dass es ihm nie so gehen möge. Und gleichzeitig denkt er, dass es vielleicht das ist, was er noch erleben muss, um etwas ganz Tiefes, Unbeschreibbares zu lernen. Aber er will es nicht. Die Herausforderungen jetzt reichen.

Kurze Aussagen

Waltraud: *Ein jeder denkt an sich und an das Leben der anderen und versucht, das Ganze zu einem waagehaften Miteinander zu machen.*
Ich dachte, sie meinte „wagehaft", aber sie machte mit ihren Händen und Armen eine Waage / Wippe in die Luft. Da wusste ich, dass sie diese schöne Wortschöpfung gemeint hatte.

Waltraud: *Ich möchte das Lieben lernen.*
Ulrich: *Das hast du ja dein ganzes Leben lang gemacht.*
Waltraud: *Ja, das habe ich auch mit dir gemacht. Das möchte ich auch noch weiter machen.*

Waltraud: *Das Wort, das ich suche, gibt es nicht.*
Das kenne ich als Lyriker. Zwei Dichter – zwei Hascher nach Wind. Zwei Unterwegsseiende. Zwei Sucher. Du in deiner Demenz, manchmal mit ihrer großen Enge. Ich in der geistigen Welt, die manchmal keine Regeln und keine Ordnung kennt, weil der Geist weht, wo er will. Was für ein Abenteuer.

Waltraud: *Du bist so liebevoll.*
Ulrich: *Was heißt das?*
Waltraud: *Dass du eine arme Laus bist.*

Waltraud: *Ich denke immer an andere Menschen, die hier mitten unter uns sind.*
am 20. August 2020

Er besucht sie in der Kurzzeitpflege und umarmt und hält sie. Dann fragt er sie: *Hast du das noch gerne?*
Sie antwortet: *Das ist, wovon wir leben.*
19. Juli 2021

Waltraud: *So ein Buch über meine Demenz zu machen, finde ich gut. Das passt zu dir.*
am 3. August 2020

Verdrängung

Er merkt manchmal, dass das Bild von ihr, das sich jetzt entwickelt, besonders durch die Pflege und all das, was nicht mehr geht, sein altes Bild von ihr verdrängt. Er muss sich manchmal Mühe geben, sich an ihre Lebenslust zu erinnern, an ihre Freude an Gesprächen, an ihre Liebe zum Schönen – zu Kleidung, zur Gestaltung des Wohnbereichs, zur Gemütlichkeit im Haus, zu ganz einfachem, aber geschmackvollem Schmuck (zwei Jahre nach der Diagnose haben sie noch zusammen Schmuck emailliert). Er erkennt jetzt die Kostbarkeit dieser Erinnerungen. Hinter der Demenz ist sie sie geblieben; diese Aspekte ihrer Persönlichkeit sind geblieben, auch wenn sie kaum noch hervorgerufen werden können. Manchmal leuchten sie auf, wenn sie etwas schön findet, wenn ihr etwas besonders gut schmeckt, wenn sie gern auf der Terrasse über dem Meer sitzt, wenn Besuch kommt oder wenn sie Musik hört.

Wohin wandern diese Fähigkeiten, wenn sie verschwinden? Sind sie vielleicht nicht mehr so wichtig, wie sie einmal zu sein schienen? Ist etwas anderes an ihre Stelle getreten?

Wir sind alle am Entstehen.
Auch gerade in der Krankheit:
Kranke und Betreuer.

Berührung

Er spürt seine Sehnsucht, wenn er seine Finger und Hände ihre Arme, Hände, Finger und Schultern entlanglaufen lässt. Seine Sehnsucht nach Erwiderung von ihr. Zärtlichkeit sucht Zärtlichkeit. Aber das kommt seltener vor. Er fragt sich, ob sie es spürt, dass er seine Liebe in seine Hände und Finger hineingibt oder in seinen Kuss, mit dem er ihre Wangen, ihren Scheitel, ihre Arme und Finger küsst. Er glaubt es, auch wenn sie darauf nicht antworten kann. Er lernt jetzt, dass die Liebe auch ganz einseitig sein kann. Sie gibt sich, ohne etwas zu erwarten. Sie ist da, weil sie manchmal das Einzige ist, was aufgenommen werden kann. Die Liebe konzentriert sich auf ihr eigenes Sein, auf ihre Fähigkeit, da zu sein im Leben des anderen, ganz gleich, was der andere davon wahrnimmt. Er merkt, dass genau daran seine Liebe wächst, aber eben eine andere Liebe als die übliche.

Früher hat er Martin Bubers Gedanken über Begegnung gelesen und geschätzt, hat sie in sich aufgenommen und von ihnen gelernt. *Alles wirkliche Leben ist Begegung,* schreibt Buber. Heute merkt er, dass er darüber hinausgehen will, dass er es anders sehen muss. Er trägt ihr Wesen in sich und begegnet ihr dort. Er teilt sein Ich in zwei Teile – sein eigenes Ich und ihr Ich-in-ihm. Das ist die Begegnung heute. Er gibt sich hinein in ihre Welt, soweit er das überhaupt kann, und begegnet ihr dort. Auch so kann die Liebe fließen und eine neue Wirklichkeit schaffen.

Bin ich am Ende?

Ich erlebe manchmal, dass ich noch ganz da bin,
und dann wiederum bin ich schon fortgegangen.
Denkst du, dass ich am Ende bin?
– Waltraud beim Zubettgehen am 6. Juni 2020

Ich erlebe dich auch so. Hier und fort.
Das ist dein Zustand jetzt
und vielleicht noch für eine gewisse Zeit.
Du verflechtest die Welten miteinander,
die wir getrennt sehen.
Du erlaubst der anderen Welt, in diese einzubrechen,
oder du gehst mit deinem irdischen Körper
auf die Suche nach einer zeitlosen Heimat.
Darum ist dein Ende auch ein Anfang,
und wenn du gehst, kommst du an,
und um anzukommen, musst du gegangen sein.

Manchmal möchte ich dich ganz in dieser Welt halten,
möchte alles so haben, wie es war, aber ich weiß,
dass du auf Wanderschaft und nicht aufzuhalten bist.
Du wirst nie am Ende sein.

Steh nicht auf

Es ist Montag. Sie haben beide gerade Abendbrot gegessen. Sie steht plötzlich aus dem Rollstuhl auf. Er weiß, dass sie nicht mehr stehen kann, und sagt laut: *Steh nicht auf, steh nicht auf,* aber sie steht auf und fällt zwei Sekunden später, ehe er sie halten kann, mit einem furchtbaren Knall auf den Holzfußboden. Sie blutet, das Gesicht ist aufgeschlagen, die Arme abgeschürft. Er versucht sie vorsichtig vom Boden aufzuheben und sagt dabei, *du darfst nicht mehr so alleine aufstehen.* Sie antwortet, dass sie auch entscheiden darf, was sie tut. Er sieht, dass ihre rechte Augenbraue aufgeplatzt ist. Die offene Wunde klafft fast einen Zentimeter breit auf. Sie müssen ins Krankenhaus, es muss genäht werden. Es werden sechs Stiche benötigt.

Es ist zwei Tage später, Mittwoch. Sie hat einen langen Nachmittagsschlaf gemacht. Er weckt sie und sagt, dass er sie gleich holen kommt, wenn das Abendbrot fertig ist. Zehn Minuten später geht er sie holen, aber das Bett ist leer. Sie liegt auf den Fliesen im Bad. Sie blutet. Die linke Augenbraue ist genauso geplatzt wie die rechte am Montag. Sie müssen wieder ins Krankenhaus. Diesmal sind es nur drei Stiche.

Direkt nach dem zweiten Sturz sieht er sie an, in der ganzen Misere der Situation mit dem gerade aufgewischten Blut, und sagt zu ihr: *Ich hab dich lieb.* Sie schaut ihn an und sagt: *That is amazing (Das ist erstaunlich).*

Heute ist Donnerstag und er fragt sich, ob er sie überhaupt noch aus den Augen lassen kann. So oft, wenn sie nur sitzen, macht sie Anstalten aufzustehen. Es macht ihn unruhig, er hält den Blick auf sie gewandt.

Lesungen

Er vermisst die Lesungen, die er so viele Jahre in Europa gemacht hat. 58-mal war er in den letzten 42 Jahren dort und genoss fast immer die Nähe zu seinen Leserinnen und Lesern, den Austausch, die Herzlichkeit, die Berührungen mit Gleichgesinnten, die Freude an Worten. Das trug dazu bei, dass immer neue Texte aus ihm flossen.

Jetzt schließt die Pandemie die Tür zum Reisen und die Klimakrise tut es ebenso. Dazu ihre Demenz, in der er sie nicht alleinlassen will. Er stellt sich vor, dass seine Gegenwart ihr eine gewisse Konstanz gibt, etwas täglich Berechenbares, auch wenn sie ihn heute *Lügner* nannte, weil er sagte, dass sie nach dem Aufwachen normal in ihrem Bett liege, nachdem sie gesagt hatte, sie würde nur ganz knapp unter der Zimmerdecke schweben. Er meinte, ihr sagen zu müssen, dass er kein Lügner sei, aber ob sie es glaubte, weiß er nicht.

Ja, jetzt würde er gerne wieder in Europa unterwegs sein, in Südtirol, in Stuttgart, in der Schweiz, in Ebenhausen, Hormersdorf, in Möckmühl, wo er jahrelang jedes Jahr war und immer mit großer Freude und mit Streuselkuchen, von mennonitischen Händen gebacken, empfangen wurde. Aber es geht nicht. Er postet seine neuen Gedichte auf Facebook und arbeitet weiter an dem Buch über Demenz und ihrer beider Umgang damit. Aber es ist nicht dasselbe wie der direkte Kontakt. Er sehnt sich nach seinen Freunden im fernen Europa.

Kurzzeitpflege

Es kommt ein überraschender Anruf: Ein Platz in der Kurzzeitpflege ist frei geworden, schon in der nächsten Woche. Es gibt an der ganzen Sunshine Coast nur zwei Betten für diesen Dienst. Sie nehmen beide die Gelegenheit wahr. Dort ist sie jetzt. Morgen besucht er sie wieder, um zu sehen, wie es ihr mit dem Wechsel geht und mit seiner Abwesenheit. Er hofft, dass sie es gut verkraftet – vielleicht sogar wunderbar findet, nicht immer auf ihn angewiesen zu sein und nicht seine warnende Stimme zu hören, dass sie dieses und jenes besser nicht mache. Manche ihrer Reaktionen auf ihn wirken ohnehin wie eine Loslösung von ihm, wobei das unrealistisch ist, weil sie ihn für fast alles braucht. Aber vielleicht gibt es eine äußere Abhängigkeit ohne die innere, die sie versucht zu erreichen – eine innere Autonomie, eine Erinnerung an das Geistwesen, das ein jeder von uns ist, das sich in keine Abhängigkeit begibt.

Nachdem er sie abgegeben hatte, merkte er, dass er damit auch seine Art zu leben für zwei Wochen abgegeben hatte – dieses ständige Dasein für sie und an der Haussprechanlage auf jede kleine Regung von ihr zu achten. Er meint sie jetzt manchmal am Gerät zu hören, auch wenn sie nicht da ist. Sie sind inzwischen wie eine Einheit geworden, die etwas zusammen tut. Sie bestimmt seinen Tag mit ihren Bedürfnissen und er achtet darauf, dass sie sich nicht gefährdet. Jetzt hat er Ferien von dem, der er im letzten Jahr geworden ist. Er will die Zeit nutzen. Ein Gedicht ist ihm schon gelungen an diesem ersten Abend allein. Er hat es gleich glücklich auf Facebook gestellt.

Nach diesen Erlebnissen will er noch mehr darauf achten, seine Identität nicht im Pflegen zu sehen, auch wenn das jetzt stark jeden Tag bestimmt. Er will zwar die Person in sich kennenlernen, die durch das Pflegen in ihm hervorgerufen wird und sich entwickelt, aber er will nicht nur sie sein.

Austausch

Können wir jeden Tag eine Stunde nehmen für die continuation (Fortsetzung) meines Seins, instead (anstatt) an so viel Äußeres zu denken. Unseren Tag des Abschieds durchzuführen, wenn wir instead of having ...
– Waltraud nach einem guten Austausch

Auch wenn dir der Gedanke am Ende
wieder unhaltbar davonläuft
und die Sprache schon im Mund
durcheinandergerät, weiß ich,
was du gemeint hast, und ich will darauf achten,
dass uns das Äußere – die Probleme beim Essen,
deine Stürze, weil du kaum noch gehen kannst,
die Herausforderungen beim Duschen,
die Schwierigkeiten beim Wechseln der Windeln,
immer wieder dein Schweigen, weil dir die Worte fehlen –
dass das alles nicht deine Sehnsucht nach erfülltem Sein
behindert oder ganz verdrängt.

Auch wenn dir jetzt oft die Worte fehlen
oder deine Wörter nicht treffen, was du im Innersten meinst,
so ist doch die Sehnsucht immer ein Teil von dir,
und du bist immer noch die, die du warst.
In dir liegen viele Erinnerungen gespeichert,
die dich geformt und geprägt haben
und die möchte ich noch berühren und damit dich,
solange es geht.
Du sollst in mir gegenwärtig bleiben.

Ein Workshop

Er macht einen Workshop für eine internationale Demenz-Konferenz. Er empfiehlt den Teilnehmern, die in der einen oder anderen Form Demenz-Kranke pflegen, aufzuschreiben, was diese sagen, es zu kommentieren und dann den Kranken wieder vorzulesen – als Wertschätzung, Respekt und Ehrerbietung dessen, was noch bei ihnen trotz der Krankheit passiert.
Er macht den Workshop zusammen mit ihr. Sie haben es vorher nicht geübt, aber es gelingt. Er sagt, sie soll etwas sagen, egal was. Sie formuliert einen Satz zu ihrem Tagesempfinden. Er nimmt sich etwa eine Minute und reagiert schriftlich auf das, was sie gerade gesagt hat. Die Teilnehmerinnen und Teilnehmer des Workshops schauen zu. Dann liest er vor, was seine Reaktion auf ihren Satz war. Darüber noch weiter zu reden, ist ihr heute unmöglich. Es fehlt die Konzentration und die Wortfindung, aber es reicht auch so.
Ihm geht noch einmal neu auf, wie wichtig der Respekt und die Wertschätzung des sogenannten Kranken ist. Dabei geht es nicht um die Wertschätzung dessen, was er gesagt hat oder tut, sondern um das Honorieren der Person.

Jemanden wertschätzen –
nicht für das,
was sie oder er kann,
sondern dass er ist,
dass sie ist.

Wie ein goldener Sturm

Die Lieder Leonard Cohens haben uns ein Leben lang begleitet.
Ich wundere mich darum nicht,
dass ich heute Morgen, als ich dich im Bett liegen sah,
an diese Zeile von ihm gedacht habe:
You hair upon the pillow, like a sleepy golden storm …
(Deine Haare auf dem Kissen,
wie ein schläfriger, goldener Sturm …)

Golden und ein Sturm sind deine Haare nicht mehr
und dünn sind sie auch geworden, so wie meine.
Aber gerne fotografiere ich dich auch jetzt noch,
so wie du heute Morgen aufgewacht bist.
Als ich nach dir schauen kam, lagen deine Haare so,
als hätte jemand sie in der Nacht so gelegt,
um mich an Cohens Lied zu erinnern
und so die Zeit aufzuheben.
Unsere Körper sind alt geworden,
aber unsere Seelen sind gespannt, wie es weitergeht.

Es bleibt schwer zu ertragen,
dass dieser Prozess an uns geschieht,
ob wir eingewilligt haben oder nicht.
Wir stehen vor unserem eigenen Alter und Tod
wie vor einem großen Mysterium,
in dem wir eine wichtige Rolle spielen,
ohne diese zu verstehen.
Wollen wir uns alledem anvertrauen?

Wir stehen vor einem
großen Mysterium,
in dem wir eine wichtige Rolle spielen,
ohne diese zu verstehen.

Regentag

Es ist heute ein Regentag nach fast endloser Sonne den ganzen Sommer lang. Darum brannten vor kurzer Zeit noch 1100 Feuer in British Columbia und der Ort Lytton ist fast ganz abgebrannt. Aber heute regnet es. Es ist alles grau. Er hat einen Kartoffelsalat gemacht und eine Apfelschorle für sie, ihr liebstes Getränk. Aber sie will beides nicht, auch wenn sie schon seit Stunden nichts gegessen und seit 24 Stunden nichts getrunken hat. Während er ihr gut zuredet und versucht sie zu füttern, singt sie still und unaufdringlich in fremden Sprachen vor sich hin. Schon stundenlang haben sie kein wechselseitiges Gespräch führen können. Eine Trauer setzt sich auf ihn. Es ist 19 Uhr und er bringt sie zu Bett, weil sie im Rollstuhl einschläft. Heute ist es besonders deutlich, dass ein Leben zu Ende geht, und er meint damit nicht unbedingt ihres, sondern eine Art zu leben, die sie beide fast 60 Jahre miteinander gelebt haben. Es sind immer wieder die Kleinigkeiten, die nicht mehr gehen. Er hat einen Chocolate-Chip-Kuchen gebacken – mit Rosinen, Cranberries, Datteln, Backpflaumen und großen Brocken Schokolade. Den wollte er ihnen beiden zum Nachtisch mit Kaffee oder Muckefuck servieren, aber sie ist schon im Bett. Es ging nicht mehr. Es ging auch nicht mehr, gemeinsam bewusst aufs Meer zu schauen oder etwas Gutes im TV anzusehen. Manchmal hat er das Empfinden, er müsste noch erklären (aber wem?), was und warum etwas nicht mehr geht. Aber das ist letztlich unwichtig. Die Demenz berührt alles, lässt nichts aus. Auch das Herz nicht?
Trotz verhangenen Himmels sieht er noch, wie die Sonne langsam ihre Kraft verliert und untergeht. Er weiß, er kann sich an den Schreibtisch retten, in seine Innenwelt gehen und Worte suchen und finden für das, was er spürt. Es werden viele Erinnerungen sein. Aber auch in dieser Zeit ist es möglich, neue Erinnerungen zu formen. Vielleicht wird sie morgen aus diesem Verlorensein auftauchen und wieder verständlich mit ihm reden oder er wird ihren Zustand besser verstehen. Es

wird wieder Erlebnisse geben, gute oder schwere, die dann zu Erinnerungen werden.
Zwei Stunden später: Der Abend hat jetzt eine unerklärliche Leichtigkeit entwickelt. Er versteht es nicht. Er weiß sich und auch sie geborgen im Leben. Alles was geschieht ist Teil dieses unendlich bunten Lebens und er weiß, dass von ihm nur gefordert ist, dass er es wahrnimmt. Dazu ist er bereit. Vielleicht hat das gute Telefonat mit seiner Schwester auch zu dieser Leichtigkeit beigetragen. Er hat seiner Schwester die Lage mit ihr geschildert, die Anstrengungen, die Gefahren, die Not, die Schwierigkeit mancher Entscheidungen, die für ihn anstehen, und gemeinsam haben sie sogar an manchen Stellen gelacht, weil es zeitweilig auch zum Lachen ist. Und sie hat ihn verstanden.
Kaum hat er das Telefonat beendet, schreibt eine liebe Freundin aus Schweden in einer Mail: *Es spitzt sich richtig zu bei euch … und du bist so zäh und immer wieder betonst du, dass es noch zu schaffen ist; beim Lesen hat man den Eindruck, dass es das nicht mehr ist, wenn man nicht Superkräfte physisch und mental hat.*
Er spürt tief innen, dass nichts passieren kann, was nicht dazugehört. Er versteht es selbst nur begrenzt, aber er weiß, dass es die richtige Denkrichtung ist. Er spürt auch, dass die Entscheidung, sie in ein Heim zu geben, weil er sie nicht mehr mit Sicherheit pflegen kann, zu dieser Entwicklung gehört. Er weiß, dass es eine Option ist. Er hört es von allen Seiten und öffnet sich dem Gedanken, auch wenn er noch das Gefühl hat, sie dadurch im Stich zu lassen. Seine Vorstellung war, sie bis an ihr Lebensende pflegen zu können.

Übergang

Er hatte erst Mühe, sich vorzustellen, dass es ihr gefallen würde in dem Heim für Kurzzeitpflege. Sie ist zwar unter anderen Menschen, aber wahrscheinlich gibt es wenige Gespräche, in die sie sich hineingeben kann. Aber vielleicht braucht sie diese auch nicht mehr. Wenn er sie besucht, geschieht auch viel Schweigen. Er ahnt jetzt, dass sie Abschied nimmt, dass sie sich vorbereitet auf die andere Welt. Das erfordert viel Zeit und wer will sagen, dass die Vorbereitung in Gesprächen erfolgen muss. Er kann sich sogar vorstellen, dass er jetzt zuweilen im Wege ist. Sie braucht die Konzentration auf das, was ihr bevorsteht, und auf das, was sie innerlich schaut oder zum Teil schon erlebt. In letzter Zeit hat sie oft schon verstorbene Familienmitglieder gesehen. Der kanadische Arzt und Neurobiologe Christopher Kerr hat in seinen Forschungen festgestellt, dass Menschen kurz vor dem Sterben Familienmitglieder gesehen haben, die sie eingeladen haben, zu kommen, und so den Übergang erleichtert haben. Das hat etwas Tröstliches. Er merkt, dass er da ausgeschlossen ist, und akzeptiert es. Diese transzendenten Vorgänge werden jetzt fast von Tag zu Tag wirklicher, auch für ihn, auch wenn er noch ganz hier ist in dieser Welt und auch noch bleiben möchte. Er wird versuchen, in der nächsten Zeit das Gespräch mit ihr auf dieses Thema zu lenken.

Heute hat sie gesagt, dass es ihr im Heim besser gefällt als zuhause. Er übt es, das nicht falsch zu verstehen.

Erlösung

Manchmal erlebt er jetzt eine Art Erlösung. Es glingt ihm, nicht mehr so nah dran zu sein an ihrer Demenz, sie nicht sein ganzes Denken bestimmen zu lassen. Vielleicht hat auch der tatsächliche Abstand damit etwas zu tun – sie ist im Nachbarort in Kurzzeitpflege. Es spricht in ihm: *Es ist alles nicht so schlimm. Es ist der Gang der Dinge. Manche Menschen bekommen Demenz, aber meistens haben sie ihr Leben schon gelebt und es genossen. Es ist keine Tragödie. Es ist der Übergang in eine andere Wirklichkeit.* Beinah kann er es glauben, aber dann geht sein Augenmerk wieder auf den Verlust dieser einen Person und Schmerz steigt in ihm auf. Aber diese Gedanken relativieren den Verlust etwas. *Vielleicht wäre ein schmerzvoller Krebstod schlimmer. Sind sie zu vergleichen? Es ist wieder das Loslassen von dem, was wir nie besessen haben. Es war uns nur geliehen.* Er achtet bei dieser Regung darauf, dass er nicht auf innere Distanz geht, dann wäre es leicht, relativierend zu denken. Er will trotz seines Involviertseins diese Erlösung denken können. Er will loslassen, gerade weil er ihr in ihrem Schicksal so nahe ist, nicht weil er Abstand nimmt. Er ahnt, dass wenn wir wirklich in etwas sind, es uns sozusagen zu eigen machen, dass wir es dann leichter loslassen können. Er weiß, dass darin ein Geheimnis liegt, das schwer zu erfassen ist.

Wenn ein Mensch stirbt,
kann sich auch
für die Zurückbleibenden
eine andere, kostbare
Wirklichkeit auftun.

Das Buch

Er arbeitet nun schon seit über zwei Jahren an dem Buch über ihre Demenz und ihrer beider Reaktion auf die Krankheit. Er sieht das Buch immer noch einmal am Computer durch und bleibt oft an den Bildern von ihr hängen. Er sieht die Entwicklung in ihrem Gesicht, sieht den Verfall und doch auch noch die Schönheit, die auf manchen Bildern von ihr noch zu sehen ist. Es ist eine seltsame Tätigkeit – als würde er sich ständig mit Leid und Tod beschäftigen. Dabei ist der Tod nicht besonders gegenwärtig und er kann sich vorstellen, trotz ihrer Krankheit, noch vor ihr zu sterben. Dann schaut er tiefer und merkt, wie das ganze Leben in den Tod getaucht ist. Er kann es sich sagen, ohne dabei morbide zu werden. Es ist einfach so und besonders im Alter. Es ist das Unumgängliche.

In dem Buch stürzt er sich in die Gestaltung der Erlebnisse, Empfindungen und Gedanken um sie und ihre Krankheit. Er gibt allem eine Form und ist dankbar, dass er das kann. *Wenn man Dingen eine Form geben kann, ist es fast so, als würde man sie im Griff haben,* denkt er. Er weiß, dass das eine Illusion ist und dass es bei dieser Krankheit nie möglich sein wird, aber er kann sich selbst wenigstens ein wenig im Griff haben. Mit Sprache kann er das Chaos etwas ordnen.

Er staunt immer wieder über die Sprache, auch die gesprochene. *Wie haben wir das geschafft, unseren Mund, unsere Lippen, unseren Kehlkopf so zu formen, dass wir die subtilsten Dinge sagen können und ein anderer sie versteht? Und wie haben wir es geschafft, dasselbe dann noch aufzuschreiben und es einander so zu vermitteln? Es ist mehr als genial.* Er sieht ein wunderbares Privileg darin, ein Mensch der Sprache geworden zu sein. Sein Schreibtisch ist fast wie ein Heiligtum in seinem Leben, weil er dort der Sprache nachgehen kann – der gesprochenen in Telefonaten, auf FaceTime und Zoom und der geschrieben in den Texten, die er liest und die er fast jeden Tag schreibt.

Vorlesen

Er liest ihr aus dem entstehenden Buch über sie und ihn und ihren Umgang mit der Demenz vor. Sie sagt wiederholt, wie schön es ist, dass er das alles thematisiert. Er hat das Empfinden, dass sie es als Wertschätzung empfindet, die verschiedenen Zustände, auch wenn sie schwer sind, zur Sprache zu bringen. Es ist, als würden sie beide alles aus dem Abstand sehen und dabei doch ganz nah an allem dran sein. Es ist ein seltsamer Widerspruch, den er aber intuitiv versteht. Er weiß, dass man manchmal nur aus der Entfernung wirklich nah an etwas herankommt. Es ist für ihn nicht so sehr eine Frage des Verstehens wie eine Frage des Einfühlens.
Er fragt sie beim Lesen oft, ob sie alles versteht. Wenn nicht, dann wiederholt er manche Passagen und sie sprechen darüber. Dabei interpretiert er sich selbst, um sich für sie verständlich zu machen. Manche Gedichte liest er zwei- oder dreimal. Er spürt, wie sie nicht so genau auf die Worte achtet wie auf den Geist, der aus den Worten spricht oder den Geist, in dem sie entstanden sind. Sie beobachtet ihn beim Lesen meistens ganz genau. Er weiß, dass es um viel mehr geht als um die Vermittlung von Gedanken. Auch in ihrer Begrenzung. Besonders in ihrer Begrenzung.

Sprich das Herz an.
Es weiß mehr.
Deins und das des anderen.

Die Zeit des Sterbens

Waltraud: *Die Zeit des Sterbens macht so viel Spaß. Wir haben einander so viel zu sagen.*
Sie ist ganz entspannt nach dem Frühstück aus gemahlenen Nüssen, Chiasamen, Leinsamen, Kürbiskernen, Sonnenblumenkernen, frischer Mango und Concord-Trauben. Das Meer ist fast glatt. Einige Segelboote sind unterwegs.
Ulrich: *Warum macht die Zeit des Sterbens Spaß?*
Waltraud: *Weil ich erfahre, dass ich noch einiges sagen kann.*
Über dem Meer hat sich Nebel gebildet und kommt langsam auf das Land, auf sie beide zu. Nettie, die heutige Pflegerin, hat ihr die Haare zu einem kurzen Zopf geflochten.
Er nimmt ihre Hand, schließt die Augen, und beide sind still. Das Brummen des Kühlschranks ist zu hören und die ganz leichten Wellen im Meer. Es ist, als könnten sie die Zeit selbst hören. Alles hat seinen Platz: das Meer, sie beide still am Tisch, ihre Krankheit, sein Schreiben darüber. Nichts ist wichtiger als etwas anderes. Alles ist wichtig. Alles existiert jenseits des Wichtigseins.
Die Stille wird zu einem bewohnbaren Raum. Sie spricht über ihr Sterben, aber sie gebraucht keine Worte. Er versteht das meiste von dem, was sie sagt. Ihre Gedanken werden auf ihrem Gesicht und an ihrem Körper sichtbar.

Vor dem Leben stehend

Wir stehen beide vor dem Leben,
du mit deinen sichtbaren Begrenzungen,
ich mit meinen unsichtbaren.
Vielleicht gibt es letztlich keinen Unterschied
zwischen uns beiden.
Was wir noch hoch bewerten, mag nicht wertvoll sein,
und etwas, was wir kaum wahrnehmen,
mag das Geheimnis sein, das uns trägt.
Vielleicht gibt es einen Grundzug tief in uns,
der kaum zu erfassen und namenlos ist,
eine Haltung, die die Liebe aktiviert.
Sie müssen wir finden und festhalten
wie das Leben selbst.

Wir stehen beide vor dem Leben
und werden nicht mehr gemessen,
lassen uns nicht mehr messen.
Wir haben die Werturteile verlassen,
das Leben ist keine Rechenaufgabe mehr.
Unser Wesen erfüllt sich,
verwandelt sich unaufhörlich in Geist,
Licht wird unser Element.

Die Bilder

Er betrachtet noch einmal die Bilder, die er von ihr während der Krankheit gemacht hat. Ihm ist es manchmal, als käme er über die Abbildungen näher an die Demenz heran, als könnte er etwas von der inneren Veränderung äußerlich erfassen. Er hat die Bilder mit viel Liebe gemacht. *Sieht man das? Gebe ich sie preis mit diesen Bildern, setze ich sie aus?*, fragt er sich. *Oder teile ich ihr Schicksal und ihren Umgang mit dem Schicksal mit denen, die es ähnlich erleben, und auch mit denen, die in Sorge und Hilflosigkeit um ihre Lieben bangen?* Er kann die Fragen nicht beantworten. Er vertraut seinem Empfinden und wird auch andere die Bilder betrachten lassen. Sie können mithelfen zu entscheiden, welche Bilder ihr Wesen in der Krankheit noch ausdrücken.

Bilder halten einen Moment fest, aber es ist nur ein Moment in einer Abfolge von vielen Momenten, in denen sich das Gesicht ständig verändert. Darauf hat er beim Fotografieren und dann auch beim Auswählen geachtet. Er hat auch gemerkt, dass er wollte, dass sie möglichst lebendig und ausdrucksstark aussieht – um ihre Gefühle und Haltungen sichtbar zu machen. Er hat öfter mit dem Abdrücken gewartet. Er beobachtet auch sich, wie er mit ihrem sichtbaren Zerfall umgeht. Manchmal hat er das Gefühl, als seien ihre Hände schon am weitesten verwandelt. In ihrer Schlankheit und Länge sind sie bereits Geist. Er kann es nicht erklären, aber es scheint, als hätten sie bereits alles Überflüssige hinter sich gelassen und wären jetzt im Begriff, auch das Letzte loszulassen.

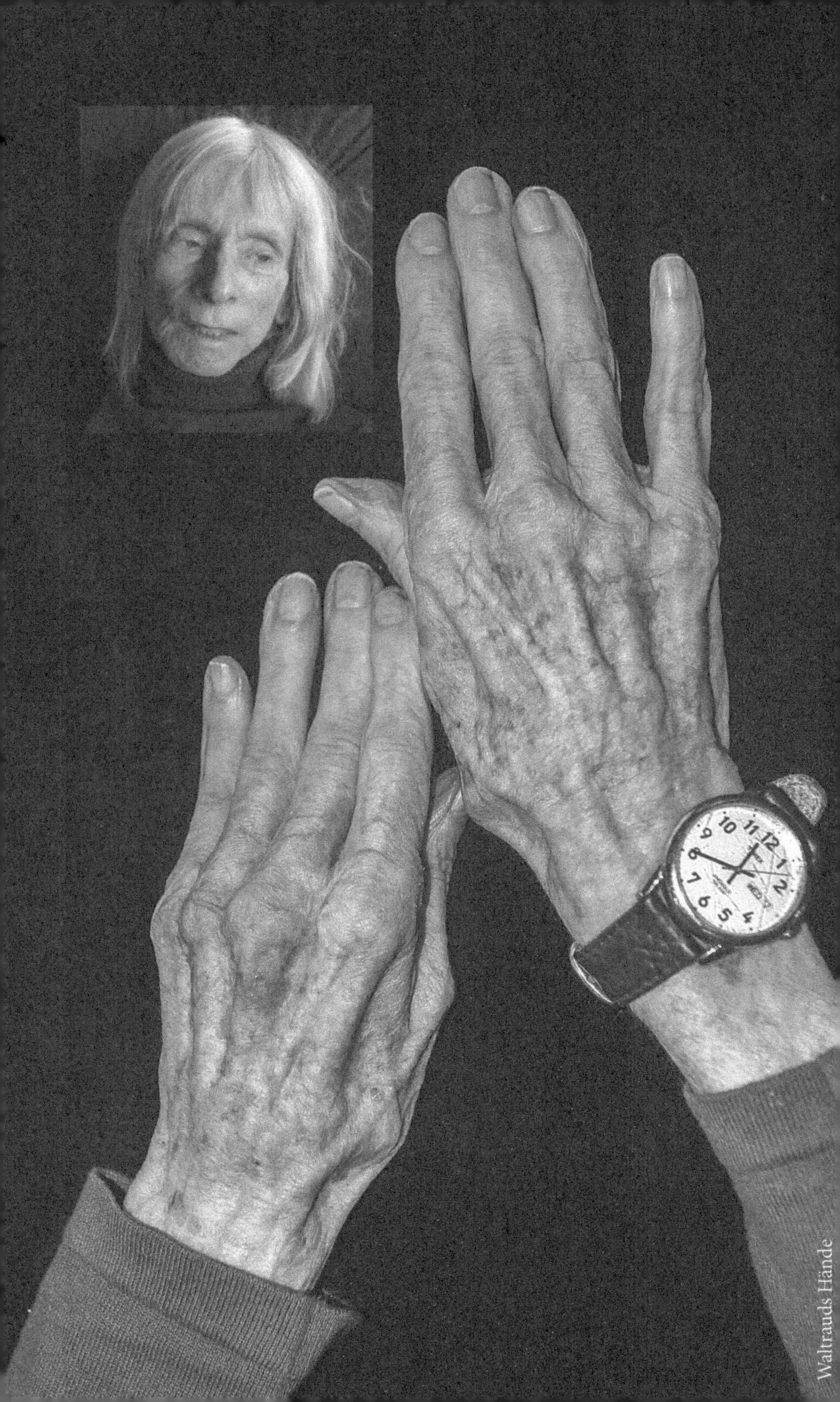

Waltrauds Hände

Mehr als Überleben

Er sitzt in der Essecke mit dem großen Fenster zum Meer. Das Meer ist grau und gibt nichts dem Blick frei. Sie haben gerade gefrühstückt und danach war sie so müde, dass sie gleich wieder ins Bett wollte. Es ist alles einfach geworden, auch wenn manches kompliziert ist. Es geht um ein sinnvolles, erfülltes Überleben. Manchmal auch ohne dass es erfüllt ist. Gerade jetzt landen die beiden Weißkopfseeadler auf der alten Douglasie vor dem Haus. Auch sie kämpfen ums Überleben, jetzt wo der Winter kommt. Es ist der 23. Oktober 2021.

Es ist einfach, wenn es ihm gelingt, seine Ambitionen, seine Träume für Momente loszulassen. Wie jetzt. Er schreibt hier am Fenster über sie und ihre wachsende Unfähigkeit, auch die kleinen Dinge zu tun, und das Leben wendet sich ihm gnädig zu. Er kann die Härte, die er durchmacht, loslassen, sogar für Minuten vergessen. Es ist nötig, es ist gut so. Auf dem Papier erscheinen die ersten Worte – über Zuneigung, Zuwendung und über das Überleben. Er scheut sich, heute das Wort *Liebe* zu gebrauchen, auch wenn sie unleugbar da ist. Die Adler lassen ihren hohen Schreipfiff hören. Alles *ist* nur. Der Herbstregen setzt ein. Auf dem Meer ist weiterhin nichts zu sehen, nur ein durch den letzten starken Regen entwurzelter Baum treibt am Haus vorbei. Das sich zurückziehende Meer trägt ihn hinaus und wird ihn mit der hereinkommenden Flut anderswo am Strand wieder ablegen. Die Flut ist sogar berechenbar, anders als das menschliche Herz in seinem Glück und Zittern. Aber das kann fast alles tragen. Es ist ein Wunder und doch findet kein Labor es, wenigtens nicht das Herz, an das die beiden sich ein ganzes Leben lang gerichtet haben.

Für Waltraud, September 2021

Zeit, auszuruhen vom Leben selbst,
von deinem Weg der Selbstfindung.
Auszuruhen von deinen erreichten
und unerreichten Träumen,
nichts mehr leisten zu müssen.
Der Stille nachzugehen,
als wäre sie immer dein Ursprung gewesen.

Alles vergessen dürfen wie einen Regentag.
Offen und leer sein für eine neue Erfüllung.
Das Licht durch die Haut spüren.
Die Bedeutung deines Weges
wie einen Liebesbrief lesen
von einem Absender,
der in deinem Herzen wohnt.

Die Gefahr ist immer,
dass unbedingt
überleben zu wollen
wichtiger wird,
als zu leben.

Das Risiko

Sie ist von der Kurzzeitpflege zurück. Drei Tage bevor sie wieder entlassen wurde, hing ein Zettel für alle, die sie pflegten, in ihrem Zimmer: *Traudi has to be turned every two hours. Traudi muss alle zwei Stunden gewendet werden.* Er nahm das erst nicht so wichtig. Aber als sie entlassen wurde, versammelten sich einige der Krankenschwestern, um sich von ihr und ihm zu verabschieden. (Er hatte ihnen eine große Tüte mit frischen Kirschen mitgebracht, aber das war nicht der Grund.) Sie wollten ihm sagen, dass sie gestaunt hätten, dass er ihre intensive Pflege schon weit über ein Jahr ganz alleine gemacht hatte. In der Kurzzeitpflege waren oft zwei Pflegende für die Arbeit an ihr nötig. Er sieht es als Kompliment, aber noch wichtiger ist es für ihn, was es über sie aussagt. Sie alle zwei Stunden zu wenden, das kann er nicht. Er merkt, dass er in eine neue Phase ihrer Betreuung tritt. Er muss sie abgeben, loslassen. Er merkt, dass er sie mit unzureichender Pflege gefährden könnte. Wie sie jetzt fast jeden Morgen zusammenklappt und aufgefangen und gehalten werden muss, weil sie sonst gnadenlos auf den Fußboden fällt, zeigt ihm, wie gefährlich es jeden Tag sein kann. Er kann das Risiko nicht tragen. Zu zweit wäre es leichter zu schaffen.
Es trifft ihn wie ein Schlag. *Er,* der sie schützt und umsorgt, könnte eine indirekte Gefahr für sie bedeuten. Den Gedanken hat er bisher nicht wirklich gehabt. Er ahnt jetzt, warum manchmal Pflegebedürftige so schnell in ein Heim gegeben werden. Er hatte oft vermutet, dass es eine zu große psychische Belastung für die Pflegenden gewesen wäre, aber jetzt weiß er auch um die körperliche Belastung und Gefährdung. Er hat das Empfinden, dass er sich überschätzt hat.

Hilfe?

Seit sie aus der Kurzzeitpflege zurück ist, kommt nun jeden Tag Hilfe. Aber er muss jeden Tag neu den immer wechselnden Pflegerinnen erklären, wo die Gefahren liegen. Auch sind sie nicht stark genug, um das zu tun, was er tun kann, wenn er sie auffängt und hält, wenn sie jede Kontrolle über ihren Körper verliert und von einer Sekunde zur anderen zusammenbricht. Er ist dankbar, dass er sie noch halten kann, aber manchmal ist es so ungünstig, dass er sich selbst dabei verletzt. Die Pflegerinnen warnen ihn davor und sagen, sie wollen nicht bald zwei Patienten betreuen, wissen aber im Augenblick auch nicht, wie es anders zu machen ist.

Er merkt, dass sich alles zuspitzt. Er kämpft mit einer gewissen Hoffnungslosigkeit. Seine körperliche Stärke hat ihn immer durchgetragen, bis auf den einen Ischias-Tag. Wie soll es jetzt weitergehen? Diese Entwicklung gehört zu der sich immer wieder verändernden Landschaft seines Umgangs mit ihr. Das sind jetzt Entwicklungen, die er nicht vorausgesehen hat. Besonders das Fast-Verlieren des Bewusstseins, wenn sie aufsteht und ihr systolischer Blutdruck – er hat ihn oft gemessen – plötzlich um 100 Punkte fällt. Der Neurologe, mit dem er im Gespräch steht, weiß auch nichts vorzuschlagen. Die Medikamente, die einserseits helfen würden, schaden andererseits, sagt er. Es wäre wenig oder nichts gewonnen.

Es gibt nur drei Heime an der Küste, wo sie wohnen könnte, und von denen ist nur eins in Gibsons. Dessen Wartezeit ist zwei Jahre. So lange schafft er das nicht mehr. Ist es auch zu akzeptieren, dass es vielleicht in einem Heim schneller bergab mit ihr geht? Er weiß, dass das keine Frage der Schuld ist, und doch würde es ihm schwerfallen einzuwilligen, wenn es zu der Frage käme.

Das Todgeweihtsein

Wie so oft, versucht er die neuen Entwicklungen in einen größeren Rahmen zu stellen, aber es gelingt ihm nicht so recht. Vielleicht geht es tatsächlich darum, die Hilflosigkeit ganz tief zu empfinden und durchzustehen. Selbst da gäbe es noch etwas zu lernen, ganz viel zu lernen. Das ist die Grenze, die ganz große Grenze, die nur noch vom Tod mit seiner Herausforderung übertroffen wird. Es ist die Grenze, ab der die Relativierung der eigenen Kraft unumgänglich wird. Da gibt es keine Ausreden mehr, kein Vertagen, kein *Es wird schon wieder*, keine Hilfe aus dem Nichts. Diese Grenze ist in ihrer Form endgültig.

Während er das alles durchdenkt, hört er sie auf der Hausspprechanlage tief atmen. Es klingt genauso, wie es die letzten Jahre geklungen hat, und doch ist es anders. In dem Atmen verbirgt sich die Gefahr, die er noch nicht ganz wahrhaben will. Das ist sein letztes Festhalten. Dahinter steht das Unvermeidbare, das es zu lernen gilt, das Todgeweihtsein eines jeden Menschen. Er kennt einige der Vorformen und versucht sie zu vermeiden oder nicht so ernst zu nehmen, wie sie es verdienen. In ihrem äußeren Zerfall sieht er seinen eigenen Zerfall vorweggenommen. Noch nie hat er so viel an sein eigenes Ende gedacht. Es wird ihm durch sie angetragen. Darum sind all die Überlegungen, die er über sie anstellt, auch Überlegungen, die er sich über sich selbst macht. Er sieht es als eine Zeit, sich dem Grundsätzlichen zu stellen.

Die unglaubliche Reise

Könnten wir einen Augenblick lang sehen,
wie heil das Gebrochene ist,
wie lebendig das Sterbende,
wir würden die Anstrengungen loslassen
und erkennen, dass alles dazugehört
zu der unglaublichen Reise, die nie endet.
Es ist nie um Heilheit gegangen,
auch wenn es unsere Sehnsucht ist.

Und könnten wir weiter sehen, dass es nicht
um Gesundheit und Krankheit des Körpers geht,
sondern um die umfassende Gesundheit,
von der die des Körpers nur ein Aspekt ist,
wir würden auf erstaunliche Weise neugeboren werden,
ganz gleich, ob wir gesund oder krank sind,
ob wir erleidend oder dienend sind.

im September 2020

... im eigenen Herzen
ganz anwesend sein

Das Herz wird nicht dement

Gerade bist du eingeschlafen
unter meinen sanften Berührungen.
Ich habe alles, was in mir ist,
in meine rechte Hand gelegt
und mit ihr über deine Stirn gestrichen,
über deine Wangen, deine Nase, dein Kinn,
und dabei immer wieder gedacht,
dass das Herz nicht dement wird.
Aber wo ist das Herz
und wie kann ich mich ihm nähern?

Vielleicht ist es nur,
im eigenen Herzen ganz anwesend zu sein,
wie in diesen Zeilen, wie in der Berührung von vorhin
oder in dem Wort, das ohne Arg ist – da zu verweilen,
dorthin zu gehen, wo das Leben in seinen tiefsten Tiefen
echt und wahr ist – und dann zu hoffen,
dass es da dein Herz trifft, was nicht
an deine Intelligenz und Denkfähigkeit gebunden ist.
So will ich immer wieder da sein – von Herz zu Herz.
Ich überspringe deine Krankheit, deine Verluste,
sogar deine sich verändernde Persönlichkeit,
und gelange so zu dir
in deiner ursprünglichen Vollkommenheit,
die immer noch da ist,
nur sichtbar für die, die bereit sind, Wunder zu sehen.

Dein Gesicht

Ich erkenne in dir das Schicksal des Menschen.
Ich schaue dich an auf dem Schwarzweißbild,
das ich heute von dir gemacht habe,
nur Tage vor deinem 85. Geburtstag.
Ich schaue dich an und mir geht das Herz auf.
Ich versuche zu verstehen,
was mich so rührt, und weiß,
dass es unser aller Ausgeliefertsein
dem Leben gegenüber ist.
Auf deinem Gesicht ist es schon deutlicher zu sehen
als auf meinem.

Was du erlebst und durchstehst, geschieht uns allen,
jeder und jedem in der jeweils eigenen Form.
Du trägst unser aller Gesicht.
Ich danke dir für deine Stellvertretung
und hänge an deinem Bild,
als würde ich mich selbst betrachten.
Weil ich es tue.

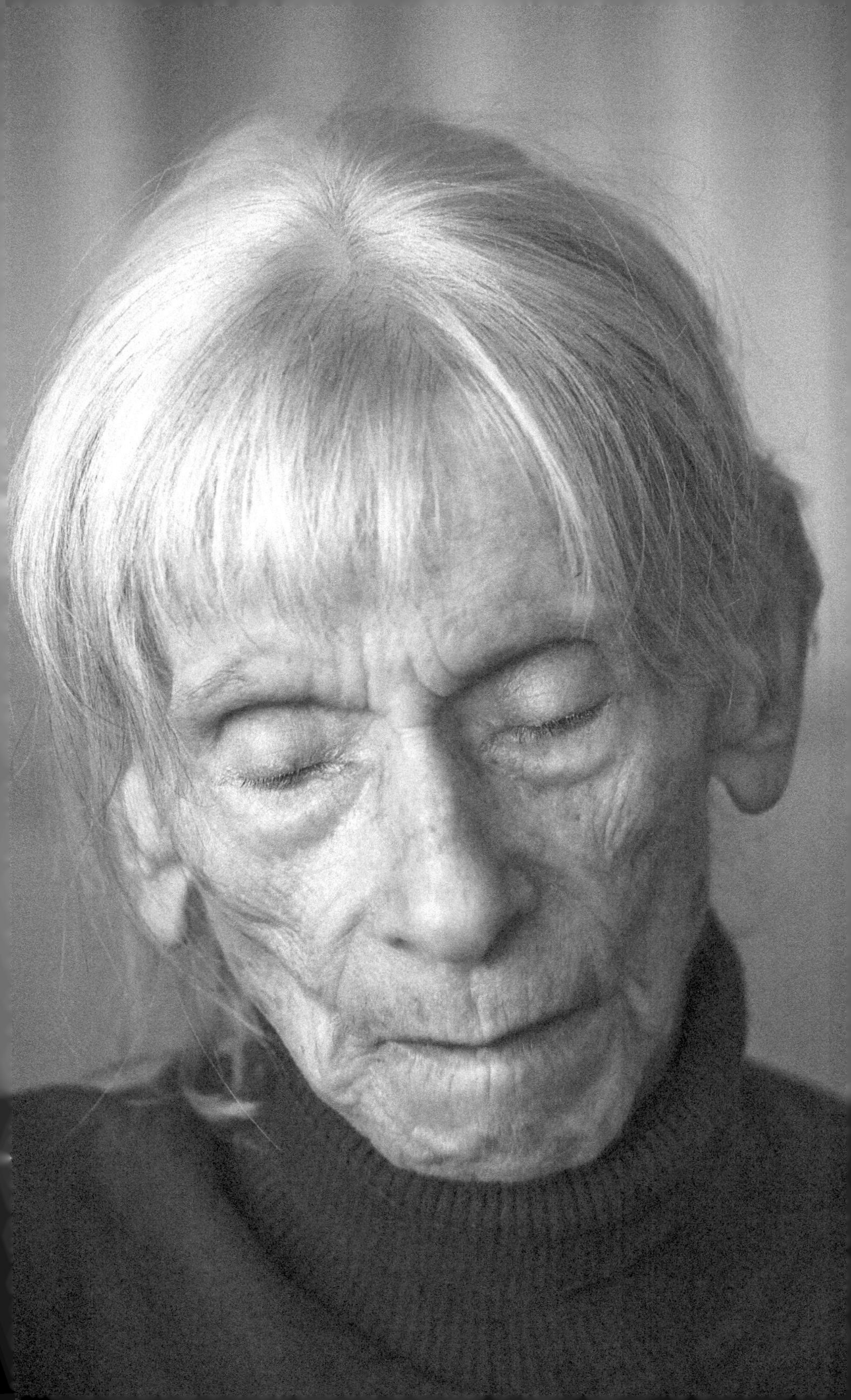

Er lässt seinen Tränen freien Lauf. Immer wieder erlebt er, dass seine Liebe nicht tief genug ist, dass sie nicht trägt, wenn sie tragen müsste, dass ihr die Souveränität und innere Reife fehlen, wenn diese ganz wichtig wären. Er schämt sich für seine Unfähigkeit. Dann denkt er nicht gerne an sich, weil er sich nur um sein Versagen dreht. Dann will er von sich wegsehen, weit weg. *Ich dachte, ich hätte das Lieben ein Leben lang geübt,* denkt er. *Warum kann ich es immer noch so wenig?*

Er hat sie heute erneut in das Heim zur Kurzzeitpflege gebracht. Als er ihr den Abschiedskuss gab, lag sie verloren auf ihrem Krankenbett. Es gelang ihm nicht, sie innerlich wirklich zu tragen, zu halten, sie so zu umgeben, dass sie Mut fassen konnte. Er spürte es. Dann wollte er nur weg, einen Ort finden, wo er seinen Gefühlen freien Lauf lassen konnte. Das Gefühl des Versagens war übergroß.

Wenn ihm dann andere sagen, dass er die Pflege seiner Frau so vorbildlich und liebevoll macht, erlebt er es wie einen Hohn – seine kleine Liebe, weil er weiß, was die Liebe alles können müsste. Wenn es ein weiteres Leben nach diesem geben sollte, müsste er in Sachen Liebe wieder in der ersten Klasse beginnen. Ernüchtert erschreckt er bei dem Gedanken.

Auch glaubt er sich seine Ausflucht nicht mehr, dass es schwer ist, einen demenzkranken Menschen Tag um Tag zu pflegen. *Ja, es ist schwer,* aber er weiß, dass die Liebe gerufen ist, gerade in Ausnahmezuständen fähig und wirksam zu sein. Die Liebe in anderen Zuständen leben zu können ist kein Kunststück. Wenn er seine Unfähigkeit in dieser Deutlichkeit erlebt, muss er darauf achten, dass er nicht ganz die Hoffnung für sich verliert. Er weiß, dass er nicht zu viel von sich selbst erwartet.

Wie früher

Beim Essen hat sie die Augen geschlossen. Ihre Hände sind kalt. Er füttert sie und wärmt ihr die Hände mit seinen. Es gibt Rührei mit Brokkoli und Blumenkohl. Er streicht ihr mit dem Zeigefinger über die geschlossenen Augen. Vielleicht weiß er es selbst in dem Moment nicht, dass es sein Versuch ist, sie zum Augenöffnen zu bewegen, um durch die Augen Kontakt zu ihr aufzunehmen. Es ist ihm wichtig, an früher anzuknüpfen, an den kostbaren Austausch. Sie hält weiter die Augen geschlossen und scheint seinen Wunsch nicht wahrzunehmen. Es ist zehn Uhr morgens, der Schlaf hält sie noch fest. Nach dem Frühstück legt er sie auf die Wohnzimmercouch. In einer halben Stunde kommen ihre Latihan-Schwestern, um zusammen mit ihr ihre spirituelle Übung zu machen.
Wie oft haben sie beide früher darüber geredet, wie wichtig ihnen Beziehungen sind. Auch jetzt sind sie noch das Wichtigste in ihrer beider Leben und er weiß, dass sie gelegentlich darunter leidet, dass sie manches nicht mehr versteht oder nicht schnell genug antworten kann, um ihren Teil in ein Gespräch einzubringen. Er versucht sie immer wieder einzubeziehen, bittet die Freunde, ihr Zeit zu lassen, um zu antworten. Er ist froh darüber, dass die Freunde so verständnisvoll sind. Er übt es anzunehmen, dass es nicht so sein muss, wie es früher war. Alles steht in der Veränderung, an deren Ende die letzte große Transformation steht.

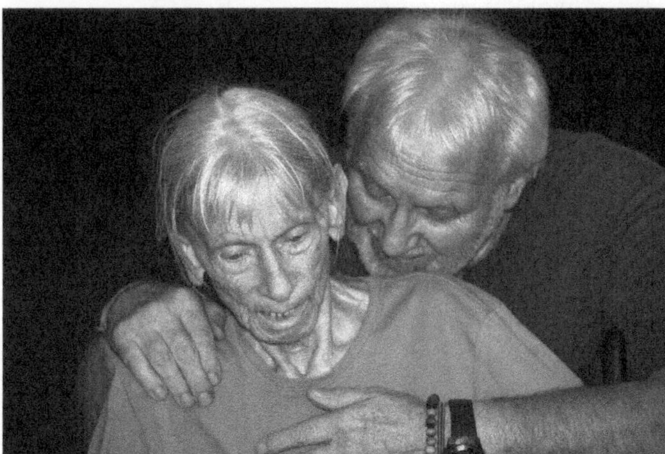

Ergeben

Ich halte deine Hand in der Kurzzeitpflege.
Du bist heute so ganz ergeben.
Nicht mal ein Gegendruck deiner Hand ist da.
Deine Augen ruhen manchmal auf mir,
aber du kannst nichts sagen.
Dein Atem geht schwer,
auch wenn du ganz still im Rollstuhl sitzt.

Ich merke noch immer meine Hoffnung,
ein Lächeln des Wiedererkennens zu sehen
oder ein paar Wörter von dir zu hören,
aber heute ist das nicht möglich.

Eben glitt etwas über dein Gesicht,
das wie Verzweiflung wirkte,
du setztest an zu weinen,
so schien es mir wenigstens,
aber dann war es wieder weg.
Ich würde gern wissen,
was du in den Momenten gefühlt hast.

Siehst du Kira,
unsere Tochter, die sich per Video dazugeschaltet hat?
Sie sieht dich.
Es fällt dir schwer, zu reagieren?
Wir wissen beide nicht, wo du innerlich bist,
wir müssen es auch nicht wissen.
Wir sind bei dir.

Jetzt schläfst du wieder,
ich erreiche dich nicht, bin ohne dich.
Wird es so bleiben?

Ein Geschenk

Er spricht oft mit einer guten Freundin über das, was er zuhause erlebt, über die zunehmende Demenz, über seine Not, über seine Fehler in der Reaktion auf ihre Demenz. Die Freundin hört geduldig zu. Sie hat immer wieder gute Ideen, wie so manche Situationen zu handhaben sind. Auch wenn sie weit weg wohnt, ist sie mit ihrem Mitgefühl und ihrer inneren Anteilnahme ganz nah. Er schätzt es, weil es nötig ist, eine Stimme von außen zu hören. Er merkt, wie er sich schnell gefangen fühlt und nicht mehr frei denken kann, wenn gewisse Dinge geschehen. Er spürt die Anlage seiner depressiven Art, die ihn niederdrückt, sodass er Gefahr läuft, den Überblick zu verlieren. Für die Pflege und auch besonders für die psychologische Seite braucht er jemanden, es ist allein schwer zu schaffen. Er denkt dabei an die Paare, die niemanden haben und wo einer alles alleine tragen muss. Es ist schwer, den Verfall eines Menschen zu sehen, besonders eines Menschen, den man liebt und mit dem man Jahrzehnte geteilt hat.
Der Überblick ist wichtig und geht so schnell verloren, wenn es schwerer wird in der Pflege. Hilflosigkeit ist immer zugegen. Er spürt sie, wenn er etwas nicht versteht oder wenn sie sich anders verhält, als er es von ihr gewohnt ist. Die Freundin hilft ihm, einen Schritt zurückzutreten und zu glauben, dass er sein Bestes tut, auch wenn er nicht das Empfinden hat. Er entdeckt den großen Wert der Freundschaft ganz neu. Er sieht die Freundschaft als eine Gnade an. Wenn er sich stark fühlt, sieht er die Demenz seiner Frau auch als Gabe des Lebens an ihn an. In diesen zwei Geschenken ahnt er seine Chance, als Mensch zu wachsen.

Du, in Kurzzeitpflege

Ich bin auf dem Weg zu dir,
in deinen zweiten Aufenthalt in der Kurzzeitpflege.
Wie werde ich dich vorfinden?
Wirst du mich erkennen?
Vor zwei Tagen habe ich dich dorthin
in den Nachbarort gebracht.
Respite heißt die Kurzzeitpflege hier –
Ruhepause, Verschnaufpause.
Für dich oder für mich?
Eine Möglichkeit für uns beide,
die täglichen Abläufe zu durchbrechen.

Es erinnert mich an unseren ersten Sommer.
Es war 1964 und wir kannten uns seit einigen Monaten besser –
die Grundschullehrerin und der Student an der UBC,
der University of British Columbia.
Es war ein warmer Sommertag,
und ich war auf den Golfplatz
nahe meiner Wohnung gegangen, um dich dort zu erwarten,
an einem gewissen Baum, den ich dir
auf einem Zettel an meiner Tür beschrieben hatte.
Dort war ich eingeschlafen und du wecktest mich.
Es war märchenhaft, dieses sanfte Gewecktwerden von dir,
dich vor dem Baum über mir zu sehen.
Vorsichtig und zart zu spechen.
Golfspieler kamen hier nicht entlang
und so waren wir allein.

Bis heute habe ich diesen Tag nicht vergessen
und als ich dich eben fragte,
wusstest du genau, welchen Tag ich meinte.
Unser Treffen jetzt ist ein anderes,
aber noch haftet etwas von damals an uns.

Auch jetzt noch üben wir die Liebe,
wir sind reifer geworden,
aber die Herausforderung ist die gleiche.
Dein Pfleger begrüßt mich freundlich.
Als ich sage, dass ich B12-Vitamintabletten für dich
mitgebracht habe, weil wir Vegetarier sind,
äußert er sich bewundernd.
Ihm würde Tofu nicht schmecken.
In zwei Minuten gebe ich ihm zwei Zubereitungen
von Tofu mit, die er versuchen will.

Inzwischen bin ich wieder zu Hause.
Du hast mich gleich erkannt,
auch wenn ich am Erkennen und Nicht-Erkanntwerden
nichts festmachen will.
Und gefreut hast du dich auch.
Es war, als hättest du schon auf mich gewartet.
Du hast viel geredet.
Sicherlich hast du mindestens zehn Sätze begonnen
und dann nicht fertigstellen können.
Zu schnell war jeweils die zweite Hälfte des Satzes weg.
Ein paar der Satzfragmente habe ich aufgeschrieben:
Mir ist viel eingefallen zu dem, was du gesagt hast.
Dass es überhaupt so etwas gibt, dass Mann und Frau ...
Es ist unheimlich schön,
wenn man in der Unfreiheit seine Freiheit entdeckt.
Es ist schön, wenn ich in die Erinnerung gehe
und mir wieder Ideen kommen ...
Es kommt immer wieder die Möglichkeit zu lernen.

Ich verstehe, dass du nicht jeden Satz zu Ende bringen kannst,
aber es ist schade, weil es spannend wäre, dich zu hören.

Andererseits entdecke ich durch jeden Satz,
so unfertig er auch ist, eine Landkarte deines Inneren –
nicht so ganz anders als in den fast 60 Jahren,
in denen ich immer wieder die Landkarten deines Kopfes
und die deines Herzens wahrgenommen habe.

Du bewegst viel in dir und ich spüre die Richtung.
Zum Essen kann ich dich nicht überreden,
aber die B12-Vitamintablette schluckst du.
Dann holt dich die Müdigkeit.
Auch als ich dir am Ende meines Besuchs
über die Stirn streiche, dich streichle,
wirst du nicht wieder ganz wach.
Still sammle ich meine Sachen zusammen
und überlasse dich dem Reich des Schlafs.

Es bleibt auch jetzt noch ein Vorrecht,
dich kennen zu dürfen, dich gekannt zu haben,
dich weiter zu begleiten,
wie es mir auch immer gelingen mag.
Ich verlasse dich in deinem Friedensreich
und nehme den Frieden für mich mit.
Es ist unheimlich schön,
wenn man in der Unfreiheit seine Freiheit entdeckt.

Eine besondere Stille

Er sitzt an ihrem Bett, einem Krankenhausbett, das inzwischen in ihrem Schlafzimmer aufgestellt worden ist, und streichelt ihr die Beine, fast eine Massage, nur sanfter. Es ist still im Zimmer. Es ist Abend, die Sonne scheint nicht mehr auf ihr Haus, aber die Inseln im Meer vor dem Haus sind noch mit einem gelben Licht erleuchtet. Es ist seine liebste Tageszeit.
Irgendwann fragt er sie, ob sie sein Streicheln nur als Berührung des Körpers erlebt oder ob es auch ihre Seele erreicht. Sie betont zweimal, dass es ihre Seele erreicht, dass die Seele betroffen ist. Er gibt ihr eine ebenso sanfte Fußmassage. Es ist weiter still im Zimmer. Ihm geht auf, wie kostbar die Zeit ist, wie einfach, fast abgeklärt. Sie spüren es beide.
Er hat das Abendbrot schon gemacht und will mit ihr in die Essecke neben der Küche fahren, aber vorher muss sie noch zur Toilette. Er hilft ihr dabei und plötzlich ist alles anders. Sie kann nicht stehen, versteht kaum noch etwas von dem, was er sagt – obwohl es alles kurze Sätze sind: *Stell deinen Fuß dorthin, halte dich hier fest, lass mich dich halten.* Alles Anweisungen, damit sie nicht fällt. Wie weggeblasen ist, was sie Minuten vorher erlebt haben. Er schafft es, dass sie sich nicht verletzt, und schiebt sie im Rollstuhl in die Küche.
Diese zwei Welten erlebt er jetzt oft. Schonungslos kann die Demenz zuschlagen und noch immer spürt er dann eine Überraschung, als könnte es nicht sein, *waren wir doch gerade in einer Welt des großen Friedens und der andächtigen Stille.* Dann sind auch die harten Momente vorbei und es ist, als wenn nichts von alledem gewesen sei. Er bindet ihr das Lätzchen um – von der Nichte Angela für sie genäht – und sie essen, schauen aufs Meer, reden bruchstückhaft über dieses und jenes und das Leben geht weiter.

Die Zellen in deinem Gehirn

Es ist nicht klar,
in welcher Reihenfolge und wo
die Zellen in deinem Gehirn sterben.
Sicher ist nur,
dass du auch trotzdem noch
die Unermessliche bleibst.

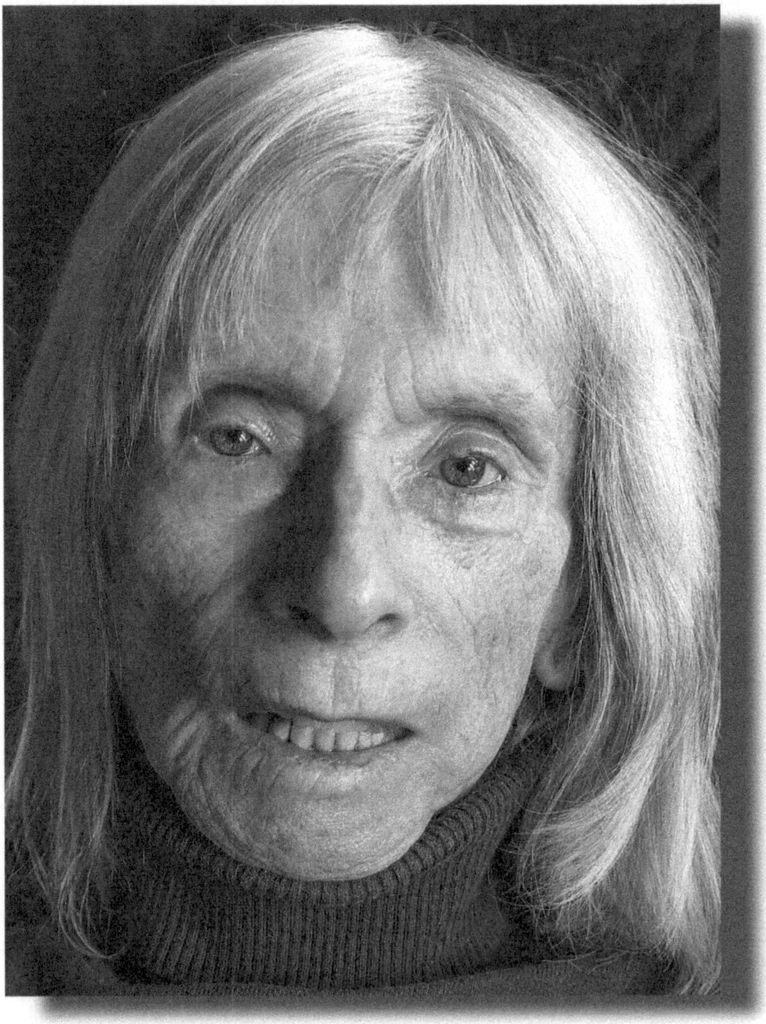

Das Lächeln

Es gibt jetzt häufiger Momente, in denen er es fast unerträglich findet, sie in ihrem Leid zu sehen, in dem Gefängnis ihrer Krankheit. Er kann nicht fassen, dass es geschieht. Nicht, dass er denkt: *Warum geschieht uns das?* – das hat er kein einziges Mal gedacht. Es ist mehr das Gefühl, dass es diese Krankheit überhaupt gibt, dass es 2020 weltweit 55 Millionen Demenzkranke gab und bis 2050 diese Zahl auf 153 Millionen anschwellen wird. Jeder Zwanzigste über 60 leidet unter einer Form von Demenz.

Dann staunt er über ihre Ausdauer, mit der sie im Bett liegt und denkt, und er kann sich nicht vorstellen, worüber sie so viel nachdenken könnte. Wenn sie dann formulieren will, was sie bewegt, stehen ihr die Wörter nicht zur Verfügung und manchmal gibt sie auf, auch wenn er ihr bei der Wortfindung hilft. Aber sie hat für sich selbst Wichtiges gedacht. Er merkt es ihr an.

In dem Unerträglichen begegnet er seiner Hilflosigkeit. Er spürt ihre Hilflosigkeit, die in die Hilflosigkeit des Menschseins eingebettet ist. Darin treffen sie sich wortlos. Es ist dann, als könne sich das Leben in keine Richtung mehr ausbreiten und würde in sich zusammenfallen. Er spürt die Schwere. Manchmal muss er dann von ihr wegsehen oder sie auf die Stirn küssen, um einen Moment lang nicht ihren Gesichtsausdruck zu sehen. Dabei ist er nicht feige.

Dann gibt er sich einen Ruck und schreibt das von den dunklen Erlebnissen auf, was sich gestalten lässt. So entsteht ein heller Rahmen um ein dunkles Bild.

Sie hat von dem Vorgang in ihm nichts gemerkt, auch nicht, dass sie diese innere Reise in ihm ausgelöst hat. Es ist dann manchmal, als würde sie ihn mit ihrer Unwissenheit und mit dem Hinnehmen ihrer Krankheit retten. Dann kann es geschehen, dass sie einander anlächeln. Auch wenn beide ihr Lächeln unterschiedlich füllen, verbindet es sie doch.

Ausblick

Er wagt es jetzt zu denken, dass er es auch als Befreiung erleben würde, wenn ein Platz in einem Heim frei wäre. Eine Seite in ihm möchte sein Leben zurückhaben, er wünscht sich die üblichen Pflichten, die Reduzierung des Stresses, immer achtsam sein zu müssen, dass ihr nicht etwas passiert. Ein Gewicht würde von ihm genommen werden. Aber er hat dabei auch ein schlechtes Gewissen. Dahinter steht der Gedanke der Aufopferung. Seine Mutter hat es vorgemacht. Sie hat ihren Mann, seinen Vater, der an Alzheimer litt, bis zu seinem letzten Tag gepflegt und nicht in ein Heim gegeben. Ist die Selbstaufopferung ein Zeichen von Liebe oder von Pflichtbewusstsein? Er weiß, dass es auf die innere Haltung ankommt.

Und wie ist es mit dem Dienen, das ihm vor Jahren als Aufgabe seines letzten Lebensabschnittes wichtig wurde? Er weiß auch, dass das Leben noch ein anderes Dienen von ihm erwartet – das Dienen mit seinem Schreiben. Es mag nicht so offensichtlich sein wie das Pflegen einer demenzkranken Frau, aber es hat ihn ein Leben lang erfüllt, und er hat sich ganz bewusst an seine Leserinnen und Leser verschenkt und sie mit auf eine Reise genommen. Auch das ist wichtig in seinem Leben und darüber hinaus, und er will es nicht untergehen lassen.

Er kann die Gedanken alle gut zugleich denken und muss zu keinem Schluss kommen, solange äußerlich nichts geschieht. Er wird sie auf die Warteliste setzen lassen und warten. Er wird weiter alles, was er tun kann, für sie tun. Er wird immer wieder seine Freunde konsultieren und sich weiter über Demenz informieren – nicht, um bei jemand anderem eine Antwort zu finden, aber um mit sich selbst im Reinen zu sein, damit er handeln kann, wenn die Zeit gekommen ist. Er ist mit dieser Entscheidung ruhig und vertraut sich der Entwicklung an.

Zerbrechlich

Zerbrechlich sind wir.
Unser Körper hofft auf Wunder, solange er kann,
er schlängelt sich durch Verwundungen,
immer knapp davor, überwältigt zu werden.

Unsere Seele ist der Härte ausgesetzt.
In ihrer Zartheit ist sie leicht umzublasen,
wie eine Feder, und doch trägt sie in sich
den granitenen Kern des Glaubens an sich selbst,
der sie auch Widerstand sein lässt.

Unser Geist, dieses Ausstrecken nach Anderweltlichkeit,
nach dem Blick hinter die Verkleidungen Gottes,
schafft sich eine Welt nicht von dieser Welt
und ist doch dadurch so ganz hier.

So ausgestattet, bestehen wir
die geballten Herausforderungen
und wachsen in ihnen über uns selbst hinaus.
Wir laufen auf der schmalen Grenze
zwischen hier und dort, zwischen jetzt und ewig.

Und wenn uns am Ende unsere Wunden einholen
und unser Leben kippt, dann war es gerade
in seinen Herausforderungen ein Kunstwerk,
auch wenn es vielleicht nur wenige verstanden haben.

Dein Kunstwerk, Geliebte,
habe ich oft verstanden, nicht immer,
aber doch immer wieder.

Ohne dich

Heute morgen kam der Anruf: *Your wife has passed.*
Ihre Frau ist gegangen.
Es hat mich in dem Moment stärker getroffen,
als ich es erwartet hatte.
Vor 60 Jahren lernten wir uns kennen,
vor 58 Jahren überlegten wir, ob wir ein Paar sein könnten.
Vor 56 Jahren heirateten wir.
Und von einem Moment zum anderen
ist die äußere Beziehung abgebrochen.
Ich werde nicht mehr mit dir auf Lesereise in Europa sein,
werde nicht mehr hören, wie du mich rufst,
werde dich nicht mehr füttern wie in den letzten Tagen,
werde dir nicht mehr die Haare kämmen
oder für dich kochen. Du bist fort.

Mit unserer Tochter Zilya bin ich zu dem Heim gefahren,
wo du zur Kurzzeitpflege warst.
Du lagst noch genauso da wie am Tag zuvor,
als wir dich besucht hatten: dein Gesicht entspannt,
die Arme auf der Brust gekreuzt.
Wir hatten beide das Empfinden, dass du noch lebtest,
als würdest du noch atmen und dich ganz leicht bewegen.
Aber da war nichts mehr, nur noch die Hülle:
kein freundlicher Blick, keine warme Hand.
Nur eine große Stille war in dem Zimmer.
Dein Kopf und deine so dünnen Arme waren schon kalt,
nur in deinem Bauch war noch etwas Lebenswärme –
dorthin legte ich meinen Kopf und spürte,
wie das letzte Leben schwand.
Da begann in mir das Gefühl,
ich würde vor Leid und Trauer zerspringen,
dass mich auch jetzt, Tage später, nicht verlassen hat.
Ich konnte nur denken, dass es nicht wahr sein kann,
dass du für immer fort bist.

Noch immer, auch Tage später, ist es nicht zu fassen,
dass du nicht mehr hier bist
und nur noch da bist, wo ich dich nicht ereichen kann.
Der Tod macht das Geliebte unerreichbar.
Es bleibt dann nur, so tief nach innen zu gehen,
dass man am Ende immer auf die Liebe stößt,
weil sie der Ugrund ist, auf dem alles steht.

Ebenso suche ich nach dem Urgrund in mir,
vorbei an meiner Angst vor der Vergänglichkeit,
vorbei an dem Unzureichenden des eigenen Herzens
und vorbei an dem Steckenbleiben im Vordergründigen –
in allzu leichten Antworten, in blutlosem Glauben,
in jeder Form von Halbherzigkeit.

Jetzt werde ich all diese Fragen,
die wir Jahrzehnte lang immer gemeinsam besprochen haben,
alleine durchdenken und mir vorstellen,
was du wohl dazu sagen würdest.
Vielleicht wird eine Seite in mir
etwas mir Unbekanntes hervorbringen,
und ich werde wissen, dass du dich so
über Zeit und Raum meldest und auf mich einwirkst.
Ich werde die Sicht schätzen und deine Stimme in ihr hören,
als wärst du in dem Moment einen Augenblick lang wieder hier.

So oft habe ich an diesen Abschied gedacht,
besonders nachdem du krank wurdest
und es sich abzeichnete, dass du vor mir sterben könntest.
So oft habe ich mir die Stufen vorgestellt,
die ich dann durchlaufen müsste,
aber nichts war so wie das Erleben jetzt. Ich bin ohne dich.
Das konnte ich nicht „vordenken“ und nicht „vorfühlen“.

Deine Kleider hängen noch im Schrank,
die T-Shirts und Pullover, die ich so oft gewaschen habe,
sind noch da, aber ohne dich.
Wenn ich jetzt Essen einkaufe,
brauche ich nicht an dich zu denken.
Ich brauche keine Hilfe zu holen, die dir zur Seite steht,
wenn ich meine Online-Seminare mache.
Es geht jetzt alles ohne dich, so lange ich leben werde.
Noch ist das unvorstellbar, aber es wird so sein.
Und darum bitte ich dich, mich zu begleiten,
vielleicht sogar zu schützen, die du jetzt ganz Geist bist
in einer Welt, die unfassbar in unsere hineinragt.
Lass mich dich spüren,
wenn auch nur in deinen weisen Gedanken.
Ich will das *„ohne dich“* deines Gehens
immer wieder verwandeln, ich werde reifen,
indem ich meinen Geist mit deinem verbinde
und wir gemeinsam in diese Welt hineinwirken
mit der Liebe, die du jetzt besser verstehst,
als wir sie jemals zusammen verstanden haben.

Ich glaube, dass deine geistige Welt
und die Welt, ich der ich lebe, *eine* Welt sind.
Dann würden wir uns auf unerkannte Weise
immer erneut die Hände geben
und mit *einer* Stimme Liebe in die Welt sprechen,
wie wir es auch hier schon versuchten zu tun.
So werde ich auch deinen Verlust verwandeln
und die Tiefe und Schwere aushalten,
die sich durch deinen Abschied aufgetan hat.
Ich werde an deiner Abwesenheit reifen
und dich unerhört lieben.

Wie du da lagst

Wie du da lagst, so wie am Vortag,
einem Samstag, als du noch lebendig warst,
wenn auch schon unterwegs.
Wie du da lagst, noch so farbig lebendig,
und ich nicht fassen konnte,
mit meinem Herzen nicht fassen konnte,
was dem Kopf schon klar war.

So ging ein ganzes Leben zu Ende,
nicht nur deines, auch meines mit dir,
und auch mein Kuss auf deine schon kühle Stirn
veränderte daran nichts,
auch wenn mir in dem Moment
der Grund unter den Füßen verschwand
und die zerbrechlichen Worte
mir aus den Händen fielen.

In der Stille

Ich nehme es mit der Stille auf, die du hinterlassen hast.
Noch liebe ich sie nicht,
wenn sie mich mit ihrer Leere anhaucht.
Ich warte, dass du in sie einziehst
mit Traumbildern und ungesprochenen Worten.
Dann werde ich meine Stille zu deiner stellen
und es wird ein Fest großer Sanftheit sein –
nicht ganz so wie damals, als du noch hier warst.
Da konnte ich dich berühren und deine Seele ertasten,
während du in meinen Fingerspitzen
auf deiner Haut ahntest, was ich dachte.
Vielleicht finden wir das Land,
in dem es möglich ist, aufzuheben, was uns trennt.
Wenn nicht, dann müssen mir die Erinnerungen reichen,
in denen ich dich als Schatz bewahre.

Beim Betrachten eines Bildes von dir, kurz vor deinem Tod aufgenommen

Noch nie war etwas so schmerzhaft,
wie dich nicht schützen zu können,
nicht retten zu können vor dem, was uns alle ereilt.
Und doch halte ich das Gefühl,
dich retten zu wollen, auch vor dem Tod,
einen Augenblick lang fest.
Ich bewege mich durch die unmöglichen Gedanken,
um ihnen eine Zeit im Licht zu geben.
So tief in die Liebe gebettet zu sein,
dass wir einander erlösen
und sich alles Harte und Feste auflöst.
Auch wenn ich weiß,
dass wir noch nicht in der Welt leben,
wo es geschieht, will ich es denken,
wie man einen neuen Pullover anzieht,
der einen warmhält.

Ich will in dem Gedanken deine Wirklichkeit ahnen,
in der du dich gerade ausbreitest,
schon längst erlöst, auch ohne mich.

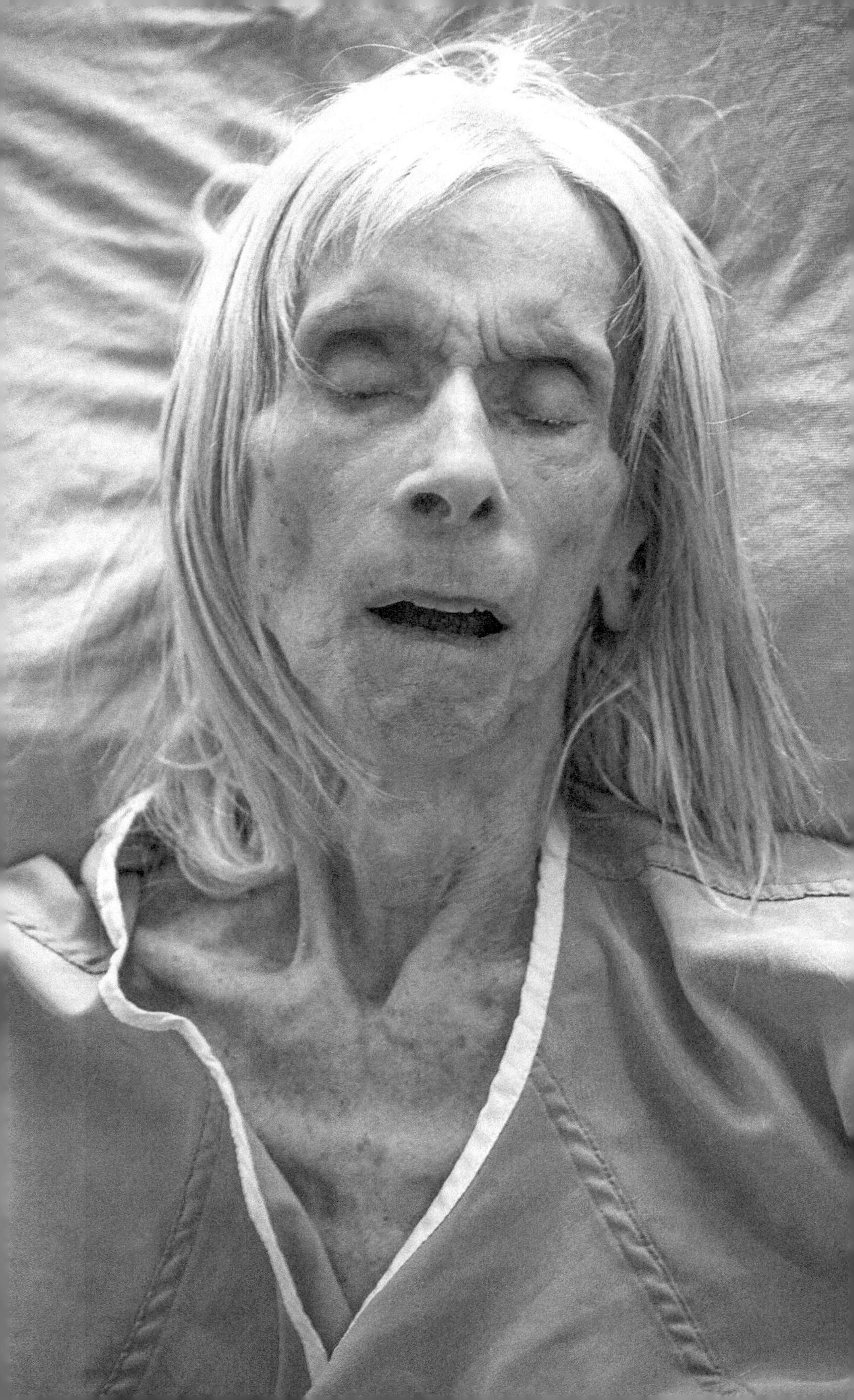

Die besonderen Momente

Es gibt auch jetzt, über sieben Monate nach ihrem Tod, noch Momente – sie halten meistens ein paar Minuten in großer Intensität an –, da ist es für ihn unerträglich zu denken, dass sie nicht mehr da ist und nie wieder da sein wird. Sein Atem geht dann schwer, er hält sich eine Hand vor den Mund, als wollte er einen Schrei zurückhalten, und kann es nicht fassen. Dann stürzt er sich in seinen Glauben an ein Leben nach dem Tod. Aber das bringt ihm keine Erleichterung. Er merkt, dass er dieses Leben, diese Erfahrungen, diese Liebe als Mensch weiter fortsetzen will – und mit ihr. In den Momenten vergisst er, dass es manchmal auch schwer war, besonders in den Jahren ihrer Demenz. Aber das macht nichts, das rechnet er jetzt nicht mit hinein. Er will das Leben noch einmal haben, will ihr in die Augen sehen, ihre Hand nehmen, einen Gedanken, der sie beide begeistert, mit ihr teilen. Die Aufzählung ist lang. Aber nichts davon wird es mehr geben. So unendlich kostbar war das Leben – von Moment zu Moment, so einmalig jeder Tag.

Er spürt dann, wie er am Rand zu einer anderen Welt steht, die er nicht betreten kann. Seine Tränen fließen frei. Er merkt, wie schon viele Male vorher, nur jetzt noch heftiger, dass es das Los des Menschen ist, das alles durchzumachen, letzlich ohne Erleichterung, ohne erleichternde Umstände. Es ist eine Zumutung von fremder Hand. Er versucht das zu bejahen, aber er kann es noch nicht. Die Wunde ist noch zu offen.

Bei der Arbeit an diesem Buch geht es ihm fast täglich so. Beim Aussuchen der Bilder von ihr geschieht es. Er sieht sie noch einmal ganz neu, jetzt, da sie nicht mehr in Fleisch und Blut in seinem Leben ist. Die Bilder sind seine Erinnerung. Die Kostbarkeit der vielen Jahre geht ihm auf und er staunt. Er meint dann, es müsste einen Umgang mit dieser Art von Leid geben. Als müsste in ihm etwas wachsen, fast wie ein zusätzliches Organ, das für diese Trauer zuständig wäre. Aber das gibt es nur in der Fantasie von Schriftstellern.

Dann geht dieses Erlebnis vorbei und er kann wieder normal leben, kann wieder ganz im Jetzt sein, sich an sie erinnern, an den alltäglichen und besonderen Menschen, der sie war.
Wenn das geschieht, empfindet er sich als kühl, als müsste er immer so heftig fühlen, sie immer mit Tränen umgeben, aber er weiß, dass er nicht so leben kann. Und so wendet er sich dem Leben ohne sie zu – mit Ernst und großen Fragen an das Universum, für die er keine Worte hat. Er hat nur die Frage, die wie ein Zustand ist, der sich nicht erklären lässt. Bis zum nächsten Mal, wenn es ihm wieder so geht und es über ihn hinweggeht wie eine große Welle, wie ein Wind, wie eine Heimsuchung, wobei er nicht weiß, wohin er heimgesucht wird. Es ist Teil des Geheimnisses, das es auszuhalten gilt.
Es gibt auch jetzt schon manchmal Momente, wo er diese Heimsuchung und dieses Geheimnis wie eine Ehrerbietung des Lebens ihm gegenüber sehen kann. Das macht sein Leben zu einer Art Berufung. Vielleicht wird durch seine Trauer, die eigentlich keine Trauer ist, sondern eher ein Aufwachen zum ganzen und vollen Leben, vielleicht wird durch sie etwas geheilt, das er nicht kennt und nicht versteht. Kann es sein, dass er selbst in diesem Zustand der Faden ist, den er zum Wandteppich hinzufügt, ohne den dieser nicht fertig werden würde und leuchten könnte?

Erinnerung

In der Schublade unter dem großen Spiegel
liegen noch deine Halstücher, die du so gerne trugst.
Mit dem Blick in den Spiegel hast du darauf geachtet,
dass sie genau richtig saßen.
Auch wenn es erst gestern war,
so ist es doch tausend Jahre her.
Ich mag nicht aufsehen und in den Spiegel schauen,
weil ich von da allein zurückblicke.

Verlernen

Es wirkt so, als müsste ich mein ganzes Leben verlernen,
es nicht festhalten mit der Hand,
die oft manches zu fest hielt.
So lasse ich mich untergehen
in der Hoffnung, anders wieder aufzutauchen.
So verströme ich mich in die Luft,
werde Hauch auf dem Weg zum Geist.
Ich verlerne die geläufigen Sprüche
und Wörter, in Sklaverei geboren.
Ich erlaube den Antworten,
sich in der unbewohnten Weite zu verflüchtigen.
Mit kleinen Rucken und Tränen
verschiebe ich mich zu dem, der ich werden könnte.
Ich verabschiede den Bekannten in mir,
um den Fremden zu entdecken.
Verlernen ist Platzmachen,
ist Aufräumen und anderes erkennen,
ist, die alte Not zu wenden,
um bereit zu sein für das, was kommen mag.

Als du starbst

Als du starbst,
starb die Zeit, die mich misst,
und ich fiel mir vor die Füße.
Ich nahm den Tod in den Mund,
aus den Augen floss er mir
und meine Hände griffen in die Luft.
Was ich jetzt erkenne, hat keine Gestalt und Dauer.
Was ich von mir weiß, ist von gestern.
Der bestirnte Himmel
hat sich auf mein Herz gelegt
und erfindet mich neu.

Unser gemeinsames Leben

Waltraud und ich haben auf verschiedene Weise unser ganzes gemeinsames Leben zusammengearbeitet. Es begann schon, bevor wir geheiratet haben. Meistens wirkte sie im Hintergrund. Sie war mir durch fast 60 Jahre ein Gesprächspartner. 1963 haben wir uns in Hamburg besser kennengelernt, nachdem wir schon seit 1961 in Vancouver in derselben Jugendgruppe waren. Sie hat oft gesagt, dass sie sich in meinen Texten wiederfand und darum auch nicht das Bedürfnis hatte, selbst zu schreiben oder öffentlich zu reden. Es war ihr wichtig, dass meine Gedanken, die auch oft ihre waren, gesagt wurden. Es reichte ihr, dass sie auf meine Texte indirekt Einfluss nahm und wir manches so schliffen, bis es auch für sie stimmte – besonders in unseren Gedanken über Liebe und Partnerschaft. Ich wäre wahrscheinlich ohne sie ein anderer Schriftsteller geworden.

Und jetzt hast du, liebe Waltraud, in deiner Krankheit und durch sie weiter gewirkt und wirkst sogar durch deinen Tod und über ihn hinaus noch in diese Welt. So ist mir, glaube ich, mein wichtigstes Buch von über 200 Titeln zum Teil aus deinen Händen geschenkt worden. Ich spüre es. Ich spüre dich. Ich danke dir und lasse den Tränen freien Lauf. Das Geheimnis ist groß.

Ulrich Schaffer wurde 1942 in Pommern geboren, wanderte als Zehnjähriger mit seinen Eltern und Geschwistern nach Kanada aus und wuchs dort im Norden des Landes auf, noch umgeben von wilder Natur. Er studierte in Vancouver und Hamburg Germanistik und Anglistik und unterrichtete anschließend zehn Jahre lang europäische Literatur in Übersetzung an einem College bei Vancouver.
Er schreibt schon seit seinem 15. Lebensjahr. Sein erstes Buch erschien, als er 21 war. Diesem folgten über 200 Titel in zehn Sprachen und in einer Auflage von über fünf Millionen Exemplaren. Seine besondere Liebe gilt der Lyrik – den Gedichten und Texten, die er sein Leben lang geschrieben hat. Es ist seine Art, sich im Leben zu orientieren und das zu verarbeiten, was er erlebt.
Ulrich wohnte bis zum Tod seiner Frau Waltraud im November 2021 in Gibsons, an der Küste von British Columbia, etwas außerhalb von Vancouver. Jetzt wohnt er dort allein. Gibsons ist nur mit Fähre oder Wasserflugzeug zu erreichen. Der Autor und Fotograf kam 40 Jahre lang, ohne Unterbrechung, jedes Jahr zu Lesungen, Vorträgen und Seminaren nach Europa. 2020 und 2021 musste er wegen der Pandemie aussetzen. Im Frühling 2022 hat er wieder mit einer kleinen Live-Lesereise begonnen. Er gibt seit Herbst 2020 auch Online-Seminare über das Spirituelle Zentrum Eckstein in Nürnberg.
Die großen Themen seines Schreibens sind immer wieder das bewusstere Leben, die Liebe und wie sie sich in festen Beziehungen und Freundschaften ausdrückt, die Natur und unsere Haltung zu ihr und die Fragen des Glaubens und der Hoffnung. Er sucht nach immer neuen Ausdrücken für das, was uns im weitesten Sinne alle angeht.
Mehr Auskunft über ihn bekommt man auf Facebook unter seinem Namen: https://www.facebook.com/profile.php?id=100044312745416
und auf seiner Website www.ulrich-schaffer.com

Waltraud Schaffer, geb. Gursche, wurde 1936 in Büddenstedt, Niedersachsen, geboren. Sie erlebte die Kriegszeit schon bewusst. 1951 wanderte die Familie nach Kanada aus, wohnte zuerst in Winnipeg, dann aber schon bald in Vancouver. Dort ging Waltraud zur Highschool, studierte auf Lehramt und wurde 1959 Grundschullehrerin. 1961 lernte sie Ulrich kennen, der im selben Jahr nach Vancouver zum Studium zog. Der Altersunterschied von sechs Jahren ließ nicht an eine ernsthafte Beziehung denken. 1963 reisten beide unabhängig voneinander zum ersten Mal nach Deutschland, um in Hamburg Jugendarbeit zu lernen. Dort lernten sie sich besser kennen, verlobten sich 1964 und heirateten 1965. 1969 und 1972 wurden die beiden Töchter Kira und Zilya geboren. Waltraud stieg aus ihrem Lehrerinnenberuf aus. Von 1990 bis 1993 lebte sie größtenteils alleine in Deutschland (siehe Text auf Seite 223), nahm Privatunterricht in Astrologie und entdeckte ihre Liebe zu Europa ganz neu. Über diese Zeit haben beide zusammen ein Tagebuch veröffentlicht, *Getrennt zusammen*. Sie veröffentlichten auch eine zwölfbändige, mit Fotografien illustrierte astrologische Reihe zu den Tierkreiszeichen.
1997 baute das Paar in Gibsons ein Haus direkt am Meer. Dort waren sie bald Teil eines regen Freundeskreises – der unter dem Namen *love group* bis heute existiert. Ulrich machte zwischen 1980 und 2019 60 Lesereisen nach Europa und Waltraud begleitete ihn häufig. Waltraud drückte ihre Kreativität im Töpfern und in der künstlerischen Gestaltung des Hauses aus. Sie nahm regen Anteil am Leben anderer und sie und Ulrich waren immer eng mit unterschiedlichen Gruppen verbunden. Per Telefon, E-Mail und in den letzten Jahren auch per Video-Konferenz hielten sie auch engen Kontakt mit ihren Freunden in Europa.
Waltraud wurde 2015 mit Lewy-Body-Demenz diagnostiziert. Ulrich pflegte sie zuhause, bis auf zwei kurze Aufenthalte in Pflegeheimen, bis zu ihrem Tod 2021.

INHALT

Stärker als der Tod

Ich fürchte nicht mehr das Glühen
von jenseits meines Körpers und meiner Seele.
Wenn es mich heimsucht, spüre ich meine Heimat
in der Welt, aus der es kommt.

Mal habe ich mich gebeugt
und mal bin ich aufrecht gegangen,
ich bin gefallen und wieder aufgestanden,
ich habe geglaubt und gezweifelt,
aber ich habe das Wissen nicht losgelassen,
dass ich im Haus der Liebe gewohnt habe,
seit ich dir begegnet bin.
Stärker als der Tod und zeitlos ist der Moment,
in dem ich dich anblicke, auch über die Grenze hinweg,
die du überschritten hast und ich noch nicht.

Wir haben uns geliebt
und so die einzelnen Momente
zu einer Kette aneinandergereiht,
auf der das Licht eine Bleibe hatte.
Ich ahne, dass wir ein Wunder geschaffen haben
gegen Vergänglichkeit und Angst.
Wir haben in unserer Unvollkommenheit
ein Haus füreinander gebaut,
in dem zu leben Glück war und noch ist.